AF609139

# ULTRABLACK OF MUSIC: FEINDLICHE ÜBERNAHME

ANDRZEJ STEINBACH / ACHIM SZEPANSKI

SPECTOR BOOKS

ACHIM SZEPANSKI

# ULTRA-BLACKNESS IN DER MUSIK. EINE NON-MIXOLOGIE

## DELEUZE GUATTARI UND DER SCHIZO-ATTRAKTOR

Für Gilles Deleuze befindet sich die Kunst in einer ständigen Spannung, insofern sie zwischen den Polen Chaos und Ordnung oszilliert und ständig zu schizophrenen Aktualisierungen kommen muss, wenn sie aus der Triangulation ausbrechen will. Diese negentropische Metastabilität nimmt bei Deleuze die Form der inklusiven Disjunktion (das ausschließende _Oder_ wird nicht zum _Und_, aber doch zum _Und Oder_) an, das heißt, die Form einer paradoxalen Instanz oder eines aleatorischen Punktes. Die asymmetrischen Relationen zwischen Virtuellem und Aktuellem und Optischem und Hörbarem bestätigen diese Figur. Man könnte an dieser Stelle den Lorenz-Attraktor erwähnen, der sonische und visuelle Intensitäten zwischen den Polaritäten des Chaos und der Ordnung oder der Differenz und der Wiederholung verteilt, wobei über bestimmte Passagen hinweg Grenzen überschritten werden, die zur Formation von fremden Attraktoren führen, in denen ganz die kontinuierliche Variation oder der asymptotische Orbit der fraktalen Dimension regiert. Man könnte vom »Chaosmos« sprechen oder von der chaotischen Form der Kunst, die sich selbst in den Zwischenräumen des Werdens erhält.

Für Deleuze/Guattari ist eine der wichtigen Fragen in der Musik, ob das Ungeformte, wenn es das Chaos trassiert, innerhalb des Gefüges des Hörbaren oder der Musik gehört werden kann. (Das Ungeformte ist nicht gleich Noise oder Rauschen.) Und man kommt dann schnell zu einer weiteren Frage, ob nämlich überhaupt eine Passage (der Deterritorialisierung) zwischen Musik und Noise, die dem Ungeformten nahe ist, existiert und durch musikalische Ereignisse aktualisiert werden kann (Sound, nicht Musik). Musik wiederum ist immer einen (absolut) diskreten Schritt vom Chaos entfernt. Sie kann nur gehört werden, wenn sie sich als Form hörbar macht, wobei sie innerhalb von dynamischen Modellen und Relationen geformt wird. Die deleuzianische Deterritorialisierung bringt eine Destrukturierung der je schon artikulierten Musik mit sich und führt zu einem Zustand, der noch hörbar ist, aber eben nicht mehr als klassisch organisierte Musik, sondern als Sound-Ereignis, das aber für Deleuze immer noch der Konsistenz einer Komposition bedarf; diese Art der Musik berührt die Mimikry an das Chaos und erfordert keinerlei Repräsentation. Für Deleuze/Guattari ereignen sich die ungeformten Sound-Ereignisse innerhalb des dreidimensionalen Rhizoms und nicht in einem zweidimensionalen Vektorraum. Ein pures Material jenseits musikalischer Strukturen dient hier der Generierung von Sound, der in seinem Werden nicht-signifizierend ist, das heißt, der Sound gehört weder der Sprache noch dem Sinn an; er ist kein Song, obgleich er als solcher erscheinen mag. Deterritorialisierung heißt, den Sound als Unentscheidbarkeit (zwischen Hörbarem und Nicht-Hörbarem) zu hören/denken. Von vornherein wäre Musik dann nicht einmal mehr organisierter Sound, sondern die diagrammatische Konstitution einer kontrafaktischen Raumzeit, die zudem eine Transformation des Hörens innerhalb der Möglichkeiten ermöglicht, die eine solche Sound-Musik anbietet. Wenn man diesen Typus der Musik nicht in toto theoretisieren kann, dann deshalb nicht, weil man diese Musik nicht hören kann, sondern weil sie das Ungehörte im Hörbaren bleibt. Musik/Sound fragt hier nach dem Unmittelbaren, ohne es zu aktualisieren. Die Frage nach dem Unmittelbaren richtet sich an etwas Undenkbares oder Unentscheidbares oder an etwas, das einen neuen Typus der Relation zwischen zwei Bereichen herstellt, zwischen dem Realen und dem Scheinbaren, dem Willen und der Idee, dem Original und der Kopie: Ein Problem der Resonanz und des Simulakrums. (Vgl. zu dieser Passage: Aracagök 2015: 21 f.)

An dieser Stelle schleicht sich in das Simulakrum schnell die These von der Metamorphose ein, die ein immanentes Entwicklungsprinzip ist, das sich mittels des musikalischen Terms der entwickelnden Variation aktualisiert: Eine motivische Keimzelle entwickelt sich über Variation und Translation zu einem musikalischen Stück. Dafür ist die Polyphonie konstitutiv, die eine perspektivische Komplexität im Sinne der Bündelung von Einzelperspektiven zu einer Gesamtperspektive vereint. Die Polyphonie organisiert den horizontalen Verlauf (Melodie, Rhythmus) und die vertikale Schichtung (Harmonie), indem sie die beiden Parts ineinander verschränkt. Dies muss aber überhaupt nicht stimmig sein und muss sich auch zu keinem Stück abschließen, vielmehr kann hier die Dissonanz und das Stück-Werk wirken, je schon eingebunden in das Ereignis. Aber in gewisser Weise bleibt dies immer ein Prozess der Reterritorialisierung, denn die Dissonanz muss letztendlich durch die Konsonanz substituiert werden, um die Harmonie der Tonfolgen einzuhalten. Dieser Prozess bestätigt die Hegemonie des Tons, der vor allem durch die Tonhöhe bestimmt wird, weshalb die Musik und Musiktheorie des Westens sich bis heute am Tonhöhensystem als dem dominierenden Parameter orientieren. Im Zentrum der Komposition stehen hier zudem Tonika, Dominante und Subdominante, wobei erstere die beiden anderen Komponenten dominiert. Schönbergs Zwölftonmusik will sich dieser Systematizität durch die Einführung der Atonalität entziehen, entwickelt aber wiederum selbst ein in sich geschlossenes System, das die freie Atonalität verhindert. Eine freie Polyphonie assoziiert hingegen Adorno, in der Mehrstimmigkeit dadurch erreicht wird, dass jede Stimme und jedes Instrument in ihren Verläufen nichtidentisch bleiben und so gerade »Harmonie« herstellen, ohne dass die Nichtidentität der Themen und Verläufe eben reduziert wird. Daraus ergibt sich für Adorno eine ideale Kollektivität. (Adorno 1997: 298)

## NOISE

Was ist Noise? Auf der einen Seite ist er beobachter-relativ, sodass man ihn durch technische Systeme, die seine Grade der Randomness bzw. der algorithmischen Funktionen beobachten, messen kann, auf der anderen Seite ist er beobachter-unabhängig, wenn er als radikale Kontingenz oder als Hyperchaos definiert wird. Noise bleibt hier gegenüber jeder ontologischen oder epistemologischen Theorie abgeschlossen und übersteigt zugleich die Perzeption des Menschen, der ihn als ein phänomenologisches Phänomen nicht komplett einfangen kann.

Um wiederum seine Randomness als Grad zu verstehen, der relativ zum Phänomen ist, kann Noise nicht länger in die simple Opposition zur Rationalität oder Ordnung gesetzt werden. Noise ist eben nicht so gegeben, dass er immer in der derselben Art und Weise behandelt werden kann. (Vgl. Wilkins 2016) Vielmehr ist er ein kontextspezifisches Phänomen, das eine »multi-scale«-Analyse erfordert, und dies bezüglich der verschiedenen Ebenen der Dynamik in hierarchisch komplexen Systemen. Der Maßstab/scale ist keine Frage der Größe oder der Kleinheit, sondern eine der verschachtelten Kapazitäten. Hier werden oft thermodynamische und informationstheoretische Konzepte vermischt. (Die Definition des Noise als Störung oder Fehler setzt die Position eines objektivierten Ideals in und durch die Wissenschaft voraus, um schließlich den Noise und die Komposition des Noise auszuschließen, womit zugleich das Reale als ein Korrelat des Denkens konzipiert wird.)

**RHYTHMUS**

Was ist Rhythmus? Rhythmus ist ein zeitlich verlängertes Pattern, in dem informations-übertragende Prozesse stattfinden. Er kann durch die folgende Parameter beschrieben werden: räumlich (Distanz, Bewegung, Nachbarschaft), temporal (Geschwindigkeit, Grenze der menschlichen Wahrnehmung, unendliche Zeitskalen versus Endlichkeit), Amplitude (unhörbare Stille, subaudiosonic warfare), Frequenz (ultrasonische Erdbeben, infrasonic, Hirn prozessiert Patterns) und Superposition (kognitive Processing Power). (Ebd.) Frequenzen werden längst zur Kriegsführung genutzt und zwar durch den Einsatz der Randbereiche des akustischen Spektrums als Infrasound (<20 Hz) und als Ultrasound (>20.000 Hz). (Vgl. Goodman 2009) Für derartige Frequenzen benötigt man bestimmte Techniken. Diese findet man heute sowohl in der Freizeitindustrie als auch in der zivilen und militärischen Forschung, sie sind von den Techno-Clubs über Low Frequency Active Sonars bis hin zu Long Range Acoustic Devices (LRAD) verstreut. In den Innenstädten sorgen »Mosquitos« dafür, konsumresistente Jugendliche von Einkaufszentren fernzuhalten, und an Flughäfen installierte Anlagen tragen mit speziellen Frequenzen zur Verminderung des Lärms bei, indem sie mittels Gegenwellen den Lärmpegel der Flugzeuge reduzieren oder partiell auslöschen. (Ebd.)

Es ist möglich, die Existenz von Rhythmen mittels technischer Instrumente, der Mathematik und der Wissenschaft auch jenseits der menschlichen Wahrnehmungsfähigkeit zu untersuchen. Dies bezieht sich auf die beobachterabhängige Realität (informationsprozessierende Systeme) des Rhythmus, der durch die oben angegebenen Kriterien (räumlich, zeitlich, Amplitude, Frequenz, Superposition) sowie durch sein Verhältnis zur Umwelt und zur technowissenschaftlichen Expansion determiniert wird, wobei es letztendlich egal ist, ob die Rhythmen vom Menschen registriert werden oder nicht. Kann damit schließlich all das als Rhythmus verstanden werden, was unabhängig von unserem Wissen existiert? Ist die Umgebung eine unendliche rhythmische Vibration? Nein, der Rhythmus ist als die Einheit seiner Kompositionen und Effekte definiert und durch den Grad des Rauschens oder des Unvorhersehbaren, was wiederum seine Kapazität zur Auflösung determiniert. Jede Einheit der Raumzeit, egal wie groß oder klein die Sampling-Rate jeweils ist, wird zum einen aus einer Vielzahl von identifizierbaren Rhythmen zusammengesetzt, und zum anderen aus Quantitäten des nicht-periodischen, nicht-linearen, nicht-rhythmischen Rauschens/Noise. Der Rhythmus emergiert aus dem Noise, man denke an die stochastische Resonanz (Regen – Xenakis); im Noise selbst gibt es eine riesige Quantität von überlagerten Rhythmen, die auf verschiedenen Zeitskalen mit einem relativen Grad der Identifizierbarkeit erscheinen. Noise ist von einer höheren Mächtigkeit als der Rhythmus, wird aber nicht durch die simple Opposition zum Rhythmus bestimmt, insofern der Rhythmus ja selbst wiederum auf vielen Ebenen der Mächtigkeit und Dynamik existiert – vom mikrosonischen oder sub-granularen bis hin zum suprasonischen Level, wobei er zudem durch sonische Variablen (die Wahl der Performance oder des Instruments) und durch nicht-sonische Variablen wie assoziierte Bilder oder die Explosion von Bomben bestimmt wird.

## NOISE-MUSIK

Feedback und Schrei sind großartige Beispiele für einen nicht-linearen Sound; sie sind Momente der Transgression und des Exzesses sowohl in den generischen und als auch in den Standardformen der Noise-Musik. Noise-Musik laboriert aber an einem unlösbaren Problem: Mit der grundlegenden Ablehnung der Kategorie »Genre« wird die Noise-Musik selbst zum Klischee. Ray Brassier hat ausgeführt, dass Noise-Musik als eine radikale Form der permanenten Neu-Erfindung dazu verpflichtet ist, die abstrakte Negation jedes Genres für die Erfindung bisher unbekannter Genres einzusetzen. (Brassier 2007) Sie ist dazu verdammt, die abstrakte Negation des Genres endlos zu wiederholen, wobei jedoch die Produzenten dieses Pseudo-Genres die Indeterminiertheit auch ausnutzen können, um die subversiven Pretensionen des Noise voranzutreiben, indem sie ständig die generischen Tropen und Gesten, die den Noise zur Konvention machen, pulverisieren. Insofern käme es hier zu einem anti-entropischen Overload an Information, ganz im Gegensatz zur Feier der Entropie durch das klassische Noise-Konzept, das auf einer Kompression des Noise beruht. Wenn man daran anschließend einen Nicht-Standard-Musikraum konzipiert, um gleichzeitig die unvorhersehbare Komplexität der verschiedenen Ordnungen der Macht des Sounds zu entdecken, dann handelt es sich um keine abstrakte Negation des Genres mehr, sondern man nimmt, wie etwa bei Clicks & Cuts, inkompossible generische Tropen und rhythmische Regularitäten auf und benutzt sie als Material für eine radikal irreguläre und nicht-standardisierte Musik/Analyse. Eine Analyse ohne Synthesis.

## RHYTHMUS UND ZEIT

Das Musik-Ereignis konstruiert die Zeit und seine Parameter konstituieren sich durch die Zeit: Dem Rhythmus inhäriert eine gequantelte, intensiv-variable und wellenförmige Zeit; eine Zeit, die durch Echos und das Klonen von Echos auch verschleppt werden kann, durch Hallblöcke gebrochen und schließlich geremixt wird. Kodwo Eshun fragt mit A Guy Called Gerald: Arbeitet die Zeit im Rhythmus oder der Rhythmus in der Zeit? (Eshun 1999: 089). Ton und Harmonie beinhalten eine qualitativ konstruierte Zeit, während der Rhythmus die Zeit unablässig phrasiert und sie zu Intensitäten und Spannungsbögen im Netzwerk des Musikereignisses verdichtet. Der Rhythmus konstruiert Zeit, er ist nicht in der Zeit, wäre jetzt die erste Antwort. Wenn aber jede Bewegung in der Zeit ist, dann muss man die Zeit als absolut verstehen, womit es keine Relation zwischen Bewegung und Zeit, sondern nur eine zwischen verschiedenen Bewegungen geben kann. Zeit als absolut gedacht ist Ewigkeit und inhäriert damit die Bewahrung aller möglichen Anschauungen. Die Geschichte der Zeitmessung und jeder ihrer Referenten wäre dann je schon in der Zeit, sodass die Messung ein Maß suchen muss, das nicht in der Zeit ist, und dies kann nur ein Bild der Zeit sein. (Vgl. Bahr 1983: 464) Und Zeit wird eben durch das Bild der Uhr vorstellbar, dem Bewegungsbild der gleichförmigen, homogenen Zeit, das bis heute noch jede empirische Zeitbestimmung dominiert. Das a-temporale dionysische Musik-Ereignis, wie es bspw. Deleuze konzipiert, gibt aber keine Bilder mehr, sondern schafft permanent Verwandlungen, die keine Abschließung zu geschlossenen Werken zulassen. Es beginnt auf jeden Fall, so im Anschluss an Deleuze, das Spiel mit der Zeit (Loops vorwärts und rückwärts laufen lassen, Sounds stretchen etc.); es lässt den Rhythmus plastisch werden, wenn dieser noch die nunancierteste

Perkussion integriert, was wiederum posthumane Reflexe hervorruft.

(Henri Lefebvre hat sich in seinem Buch *Rhythmanalysis: Space, Time and Everyday Life* (Lefebvre 2013) intensiv mit dem Begriff des Rhythmus auseinandergesetzt. Für Lefebvre gibt es keinen Rhythmus ohne Wiederholung in Raum und Zeit, ohne Reprise und ohne die Möglichkeit der Rückkehr und der Messung. Lefebvre selbst geht zunächst von zwei Formen der Wiederholung aus, die im Realen untrennbar, aber zumindest analytisch voneinander unterscheidbar sind: zyklische und lineare Wiederholung. Im Kontext des Rhythmologischen kann die Wiederholung aber niemals absolut identisch sein, vielmehr ist hier mit Deleuze stets die Relation von Wiederholung und Differenz zu beachten, insofern durch die Differenzierung der Differenz, die stets auch eine Überschreitung ist, immer etwas, wenn auch noch so rudimentär oder minimal, Neues geschieht: Die Wiederholung produziert über das Differente differenter Differenzen eine differenzierte Zeit oder eine qualifizierte Dauer. Selbst in den linearen Zeiten tauchen noch starke und schwache Zeiten auf – Intervalle, Loops, Stille, Stops und Brüche. Umgekehrt lässt sich die Bewegung der differenziellen internen Zeit von der externen Uhrzeit nicht trennen (wobei letztere nur in homogenen quantitativen Parametern existiert), sodass interne und externe Messungen eine komplexe Beziehung zueinander unterhalten. Die Rhythmen beruhen also auf Wiederholungen, sie sind Bewegungen der Verschiebung und der Differenzen in der Wiederholung.

Bleiben wir bei der Relativität der Rhythmen. Sie lassen sich definitiv nicht so messen, wie man die Geschwindigkeit eines bewegten Gegenstands auf seiner Bahn misst, nämlich von einem klar definierten Ausgangspunkt (Nullpunkt) und mit einer ein für alle Mal definierten Einheit. Ein Rhythmus ist nur langsam oder schnell im

Verhältnis zu anderen Rhythmen, mit denen er in größeren oder kleineren Einheiten verbunden ist: Zum Beispiel ein lebender Organismus oder auch eine Stadt (freilich ohne die Definition derselben auf jene eines biologischen Organismus zurückzuführen). Das führt uns dazu, die Vielfalt der Rhythmen, ihrer Zusammenhänge und ihrer Interaktionen oder die gegenseitigen Wirkungen zu unterstreichen, der Relationen zwischen komplexen Prozessen und Trajektoren, zwischen Wellenform und Körpern. Körper sind in diesem Kontext als Bündel von Rhythmen zu verstehen, die, indem sie sich der Außenwelt öffnen, nicht nur eine Vielzahl von Einflüssen integrieren, sondern mehrere rhythmologische Systeme zugleich darstellen, die qua Isolierung, Abschließung und eben auch Öffnung durch lokale Regeln gesteuert werden. Fast alle konkreten Zeiten inkludieren Rhythmen oder sie sind vielmehr Rhythmen – und jeder Rhythmus schließt den Bezug einer Zeit zu einem Raum ein, bezeichnet eine lokalisierte Zeit oder, wenn man es so nennen will, einen temporalisierten Ort. Der Rhythmus ist stets an diesen oder jenen Ort gebunden, sei es das Herz, das Klappen der Augenlider, die Bewegung einer Straße oder das Tempo eines Walzers. Das hindert den Rhythmus nicht, eine Zeit zu sein, das heißt, Aspekt einer Bewegung und eines Werdens zu sein. So ist jeder mehr oder weniger belebte Gegenstand oder jede Ansammlung von Gegenständen polyrhythmisch; der Polyrhythmus ist aus verschiedenen Rhythmen zusammengesetzt, von denen jeder Teil, jedes Organ oder jede Funktion, die ihren eigenen Rhythmus in einer beständigen Interaktion hat, ein Ensemble oder ein Ganzes bilden. Ganzes meint hier nicht ein geschlossenes Ganzes, sondern ganz im Gegenteil ein offenes Ganzes. Solche Ensembles sind stets in einem »metastabilen« Gleichgewicht, es sei denn, es tritt eine tiefgreifende Störung oder eine Katastrophe ein.)

## RHYTHMUS UND NON-FREQUENCY-POLITICS

Wenn der Rhythmus sich radikal von der Metrik und der Uhr unterscheidet, dann betreten wir das Feld der non-frequency-politics; scheinbar ist diese nichts weiter als eine Politik der deleuzanisch-produktiven Differenzen, die anzeigt, dass sich der Rhythmus als differenzielles Phänomen von der Metrik und der messenden Wissenschaft unterscheidet. Der nicht-musikologische Begriff der Rhythmusmacht (Fowler 2015) eröffnet hier zunächst die Möglichkeit für experimentelle Rhythmusproduktionen: Wir können von Rhythmusmacht etwa im Hinblick auf nicht-periodische Pulse und »clicked music« sprechen. Wir finden in den Clicks & Cuts transversale Disjunktionen und heterogene Temporalitäten sowie divergente räumliche Komponenten vor, die sich in einem Track überlappen und koexistieren; ganz im Dienst der heterogenen Temporalitäten und räumlichen Komponenten zeigt der Click genau dann seine unbesiegbare Evidenz, wenn er verschiedene Potenziale, die das Immer-Weiter-Machen fordern, öffnet (ein Aspekt der Ultrablackness der Musik), weil das Signal kurz und ohne kontextuelle Referenz ist, sodass eben Anschlussfähigkeit notwendig ist, ohne dass aber der weitere rhythmische Verlauf determiniert wird. Vielmehr beginnt durch die Verkettung eine Indetermination sich anzudeuten. An dieser Stelle ist der Fehler nicht etwas, das als Bedeutung in die Clicks & Cuts eingeschrieben wird, sondern er ist ein Faktum, das Potenziale freisetzt. Indem potenziell jedes Geräusch zum musikalischen Material und zugleich zum a-signifikativen Zeichen wird, das ohne einen Zeichenträger auskommt, der sui generis etwas bedeuten muss, wird der Kopf kirre. Die Musik entsteht jetzt gerade durch eine Verschiebung dessen, was als Click, Pulse oder Geräusch minimal zeichenhaft verfahren muss. Erst durch die Verkettung von a-signifikanten Zeichen wird aus dem Material Rhythmus und Musik. Der Track ist jedoch keine dem Zeichen eingelagerte Bedeutung, sondern ein Referieren auf vorgängige und auf zukünftige Zeichenketten. Selbst der traditionelle Ton ist nicht an sich Musik, sondern die Verkettung und die Zusammensetzung erschafft die Musik. Nono schreibt: »Die Bedeutung liegt in den Beziehungen, die zwischen den Tönen geschaffen werden« (Nono zitiert nach Schläbitz 2003: 122).

Durch die Verkettung der Zeichen wird eine lose Kopplung zum Track gezurrt, gerade weil ein »Zeichen« wie bspw. der Click »für sich nicht feststeht und eine aufgeschobene Präsenz nur beweist, indem er seinem folgenden Verwandten die Referenz erweist« (ebd.). Durch die Folge weiterer Clicks und deren verschobener Wiederkehr wird der Track verändert und zugleich etabliert. Wo früher Verunreinigungen oder Kratzer auf dem Vinyl den behäbigen Musikgenuss störten, werden nun Geräusche/Zeichen in die Musik integriert. Der Click ist zu kurz, er eignet sich nicht für die Assoziation phantastischer Bilderwelten, aber er ist doch lang genug, um in der rhythmischen Relation mit anderen Clicks zu wirken und an die Musik des Realen heranzureichen. Es gibt eine transversale Disjunktion, die intern im Track artikuliert ist, die aber auch in seiner Beziehung zu anderen Tracks existiert, und dies impliziert die Transition der Clicks & Cuts. Transversalität ist ein topologisches Konzept, ein extending over, lying across und intersecting ohne resultierende Koinzidenz, während transversale Musik den Click/Cut im Spiel zwischen aktuell und virtuell im Ereignis selbst verdichtet, von der Mutation eines Instruments, das die Vergangenheit mit der Gegenwart verknüpft, hin zu einer neuen futuristischen Art des Sounds. Wenn man einen Track hört, dann beschreibt Deleuze ihn als Kraft, Dauer und Sensation, welche durch Tempi, Rhythmen, Texturen und Sound variiert werden.

Wenn non-frequency-politics der Uhr zuhört, hört man nicht das gleichförmige tic tic, tic, sondern man hört tic – toc – fuck the clock. Non-frequency-politics arbeitet mit dem Click, der jetzt als inhärenter Stress zu verstehen ist, welcher auf bestimmte Metriken oder Beats fällt, wobei jeder weitere Beat unter Stress gestellt wird und dieser sich wiederholende Stress ist das Click-Clock im Sound – verschiedene Möglichkeiten der Überlagerung und Verkettung von Clicks, Pulsen und Geräuschen bis hin zu Gruppierungen von Beats, die wiederum in ungleiche Patterns verteilt sind. (Wenn die Nicht-Musik der non-frequency-politics im nicht-standardisierten Phasenraum situiert ist, nämlich zwischen periodischen Pulsen und Sinustönen und nicht-periodischen komplexen Modulationen und Transformationen, dann lässt sich hier vielleicht eine Nachbarschaft zu Dantes Bourdon oder Messians kompositorischen Techniken feststellen. Messian kombiniert das Rhythmische jedes einzelnen Vogelgesangs mit dem Rhythmus als Orchester aller Vögel: Auf der einen Seite gibt es keine vollkommene rhythmische Unordnung, aber auf der anderen Seite werden die Vögel als Orchester auch nicht durch eine tickende Uhr synchronisiert.)

Non-frequency-politics widersetzt sich den Einschreibungen des Werts, der als Differenziator des Kapitals die Bedingung für das Geld in all seinen Registern ist; sie widersetzt sich dem semiotischen Wert oder den Schlägen und Beats der Signifikanten, welche das tic, tic, tic der schlagenden Differenz als Preis zählen. In der Standard-Musik wird die punktierte Produktionszeit der Codes in den Körper der Musik eingepflanzt, was die non-frequency-politics wiederum weiß und deshalb zur pulsierenden rhythmischen Kraft übergeht und sich dabei einer antikausalen Methode der perkussiven Verkettung bedient, die aus dem Bann der Uhrzeit herausführen soll (and-when-you-hear-in-rhythm-you-are-the-co(s)mic-warrior-with-the-goldenimperative-in-the-last-instance: tic-toc – fuck the clock). Man hört nun tic-toc anstatt tic-tic. Der Rhythmus kann in diesem Kontext eben als Stress bezeichnet werden, der in der Konfrontation, der Verschiebung und der Überlagerung diverser Clicks, Pulse und Beats entsteht, wobei jedes kommende Pattern noch mehr gestresst wird als das vorherige schon wurde. Das Pattern als ein singuläres zeitliches Ereignis kann aber auch schwimmen, ja verschwimmen, wenn es zu einer Serie von schwindenden Echos degradiert wird … der Rhythmus wird Soundschweif (Eshun 1999: 076): Dehnungen des Rhythmus und Rhythmustrümmer, die selbst wieder rhythmisch werden und zu Sound-Texturen führen.

Solche Prozesse sind für Eshun eher als Texturen denn als Rhythmen zu verstehen. Scratchen ist ein Textureffekt per se. (In den Werken von Yannis Xenakis wie »Pleiades« ist die Klangtextur der Musik noch ein akzidentelles Element. Perkussive Stücke hingegen, bei denen das Perkussive zur Mobilisierung der Geräusche eingesetzt wird, sind meistens nicht für Schlaginstrumente geschrieben.) Das Scratchen einzig als Fehlbedienung zu verstehen, das der Erzeugung geräuschhafter Klänge dient, geht fehl. Aber wenn im Zuge dieser Position jedes Instrument, jedes Gerät und jede Maschine in einen Geräuschmodulator verwandelt werden soll, dann taucht die These von der musikalischen Suffizienz auf, die einschließt, dass alles, was gehört werden kann, musikalisch ist.

Die Kraft des Rhythmus erzeugt Spannung und Erstarrung zugleich; die non-frequency-politics wird sich jetzt gewahr, dass diese Kraft dem Metrum entzogen ist oder es einfach überrollt: tic-toc – fuck the clock! heißt das Prinzip. Non-frequency-politics ist irreguläre »click music«, aber ähnliche Effekte erzeugt auch der unendliche Loop des Breakbeat: vertikale, verstolperte, kontra-, polar-, nicht-synchrone Rhythmen, Ströme des sonischen

Materials, das zudem »flüssige Klavierperlen«, »kreischende Motorsägen« und »gedämpfte Trompetennebelbänke« moduliert (Eshun 1999: 007). Perkussion mutiert laut Eshun zu einer »nonlinearen Boshaftigkeit« (ebd.: 008), wenn sie eine kriechende, sich windende Taktilität erzeugt. Im Grunde genommen ist schon die Drummachine ein Rhythmus-Synthesizer (ebd.: 224), der im Sinne einer Sprengmaschine und neuen Ballistiken Signale und Pulse ausgibt, die zu neuen Pulsen und Signalen verkettetet werden. Non-frequency-politics generiert die Superspur, ist Flow an sich oder Quant, mit dem ihre Generatoren die Metrik oder den Beat des Signifikanten ding-ding-ding-ding überschwemmen. Und non-frequency-politics präsentiert nun an Stelle der Wahrheit, die ihr Telos im weißen Rauschen eines vollen Sprechens hat, mit dem ja selbst das Hintergrundrauschen, das Reale selbst zählbar werden soll –, sie präsentiert eine inzestiöse Konjunktion des Prinzips der Überlagerung und der Nicht-Kommutativität. Wellen überlagen sich, durchqueren einander und kreuzen sich in der Geschwindigkeit ihres in-rhythm-in-rhythm. (Non-frequency-politics liefert sozusagen das Speed für die Soundmaschinen, während die Analyse des Musikalischen den Tranquilizer bereithält.) Non-frequency-politics weiß, dass die Matheme des Kapitals keine Götter sind.

Clicks sind nicht nur, wie oben ausgeführt, a-signifikante Zeichen, sie sind zugleich Atome der Musik, kurze Einzelschwingungen, die aus dem Kontinuum der Schwingungswelle eines Tons herausgerissen werden. Auf dem Bildschirm des Computers werden die Konturen dieser Musik-Atome mit Hilfe von Wave-Editoren sichtbar. Die digitale Audiotechnologie erlaubt den Zugriff auf das winzige Detail einer Schwingung und generiert damit das Eindringen in die atomare Materialität. Digital-elektrische Maschinen ermöglichen vielfältige mikrologische Konstellationen von Summ-, Brumm- und Rauschgeräuschen und schaffen damit ein scheinbar endlos variierendes Click-Universum. Es gibt das Clicken ganz verschiedenartiger Dichte, die variierende Härte und die Modulation perkussiver Energie – und der Klang, der über die Klangfarbe definiert wird, kann ins schrill Helle oder ins dunkel Dumpfe moduliert werden. Und die Tonhöhe reicht von der schmerzhaften oberen Hörgrenze bis in den unhörbaren Bereich des Subbass, der als mechanische Energie vom Körper absorbiert wird. (Elektronische Clicks unterscheiden sich von den perkussiven Sounds akustischer Instrumente. Sie sind wie das Rauschen, Summen und Sirren Teil der mit Elektrizität funktionierenden Klangmaschinen.)

Die Technik einer ahumanen Musik forciert eine Produktion von dermaßen nuancierten Patterns, dass nur noch Maschinen in der Lage sind, diese auszuführen, und wenn der Zuhörer die Patterns einfangen will, rennen sie ihm manchmal einfach davon oder prasseln als Rhythmusschauer auf ihn ein oder oder ziehen ihm den Boden unter den Füßen weg. Es ist der computerisierte und posthumane Hyper-Rhythmus, der als Effekt von Effekten (die Struktur ist der Effekt) von Menschen nicht gespielt werden kann und manchmal auch gar nicht mehr hörbar ist. »Hyperkussion« und »Superkussion« (Eshun) implizieren eine neue rhythmische A-Logik, wenn Beats sich spalten oder sich gegenseitig abschießen, oder sie überlagern sich und mutieren zu »rieselnden Stricknadeln« und »hochgepitschtem Quietschen« und »Klapperschlangenspasmen« (ebd.: 082); beschleunigen bis auf 180 bpm, wo sie sich wieder in das unhörbar Körnige des Noise verwischen und gleichzeitig gigantische Soundwände aufbauen. Und solch eine Musik muss, was ihre Konzeptualisierung betrifft, sich gar nicht der Technologie unterwerfen, sondern sie muss sich selbst als Form verstehen, die mit Technik rekombinierbar ist. Diese Rekombination der Klang- und Rhythmusfülle verschluckt den Produzenten. Parallel dazu hat eine Theorie der Musik-Fiktion die Essenz des musikalischen Seins sowie das fraktale Sein der musikalischen Objekte einzufangen, um sie als Hypothese, Deduktion und experimentellen Test zu behandeln.

## RHYTHMÄCHTE

Die sich auf den französischen Philosophen François Laruelle beziehende Nicht-Musikologie benutzt die klassische Musikwissenschaft und die existierende Musik allenfalls als Material. Und auch die Nicht-Musiker beginnen damit, die Diskurse der Wissenschaft und die Musik auf reines Material zu reduzieren, um in der Interaktion mit dem Hören-im-Rhythmus neue pulsierende Rhythmusmächte zu erzeugen.

Der Term »Rhythmacht« eröffnet eine neue experimentelle Methode der rhythmischen Produktion. (Vgl. Fowler 2015) Man ist jetzt vielleicht Kleists Forderung ganz nahe: Um großartige Rhythmusmächte zu produzieren, muss der Nicht-Musiker wie ein Puppenspieler zum Automaten werden, um als Maschinist sich selbst in der Emphase der Puppe zu lokalisieren, wobei solch eine Emphase mit Anziehung verbunden ist, die mit dem Folgenden korreliert: Nicht-Musikologie wäre nun im Anschluss an Laruelle als die Linie der Rhythmizität des Rhythmus als Tanz im Rhythmus zu verstehen, als Ereignis einer Verdichtung, die als Effekt der rhythmisierenden Rhythmacht sich schreibt. Es muss gar keine Drums geben, womit der perkussive Schlag auch gar keinen Punkt innerhalb einer rhythmischen Struktur markiert. Das perkussive Element wird vielmehr zum Nukleus eines Klangs jenseits des Harmonischen. Zu Teilen besteht dieser neue Klang aus akustischen Phänomenen, die aus klassischer Sicht zu den minoritären Klängen gehören – Klicken, Plocken, Rasseln, Rascheln, Dröhnen, Schnarren etc. – eine Art Rhythmuswaldregen, in dem die Klänge gar nicht mehr recht lokalisierbar sind. Diese minoritären Klänge bilden zumindest eine geräuschvolle Hülle für die Perkussion. Gleichzeitig sollten die Futurrhythmusmaschinen den perkussiven Schlag oder den Beat in die n-te Dimension komplexifizieren und eine Alien-Macht generieren, sie sollten den Hyper-Rhythmus erzeugen – unberechenbar, zergliedert und bestürzend – indem sie Pulsen und Clicks aus Rauschen programmieren und Frequenzen, Wellen und gesampelte Drumsounds modulieren, sodass der Klang zum Vibrieren gebracht wird. Eshun spricht von einer posthumanen Multiplikation des Rhythmus, einer Rhythmatik, die als asynchrone Überlappung, Wiederholung und Aneinanderreihung von spastischen Pulsen, Clicks und Schlägen das Sensorium der Rezipienten neu verdrahtet und die Tänzer in eine Kinästhetik des Stotterns und der falschen Schritte überführt, in einen »Tanz der Epilepsie der Fülle« (Eshun 1999: 094).

**ERSTER EINWURF:**

Die Rhythmusmaschine ist digital und sie rechnet. Sie ist nicht allein elektrischer Strom, synthetische Perkussion oder gar Synkussion, die Snares zu klirrenden Stricknadeln und die Bassdrum zur mobilen Waffe macht (ebd.: 085) vielmehr ist sie auch »digitale Musik«, berechnend, verrechnend, auf-teilend und sie ist Uhrzeit-Musik. Damit enthält sie immer auch schon das Potenzial zur Standardisierung. (Bei einer digitalen Übertragung wird nicht mehr eine kontinuierlich änderbare Spannung übertragen wie bei der analogen Übertragung, sondern binäre – mit den Zuständen 0 und 1 – Zahlenwerte, die den Spannungswerten entsprechen. Wenn wir Musik hören, so handelt es sich um analoge Signale bzw. um kontinuierliche Änderungen von Schallwellen.)

Die potenzielle Virtuosität des Perkussions-Geräuschapparats ist längst ins Innere der Maschinen (Software und Hardware) gewandert, wo auch alle Soundcards, Presetsounds und Soundfiles abgelegt sind (ebd.: 036); es ist ein Möglichkeitsraum, durch den der Produzent zu navigieren hat. Die Kopie authentifiziert nun das Original. Aus der Beschränkung, die Programmen wie Cubase etc. inhärent ist, soll aber gerade ein Möglichkeitsraum oder ein virtueller Raum erwachsen. Er ist einerseits Zeichen der Technik und andererseits dient er der Simulation von natürlichen Objekten (zerspringendes Glas, Toilettenspülrauschen, raschelnder Wind etc.) – als Sound aktualisiert, mutieren die sonischen Exkursionen zum Spiel-Objekt der Produzenten. Das Geräusch entsteht vielfach nicht mehr aus dem Spiel mit oder dem Missbrauch der Maschine, sondern es sind die Maschinen selbst, die die Musik in einen neuen Inhumanismus drängen: Acid hört die Frequenzen der TB303, genau so, wie sie sind. (Ebd.: 022) Der Produzent folgt nur noch der Spur, die die Maschine gelegt hat. Damit wird die rigide Funktion des digitalen Studios akzeptiert, gleichzeitig sollen dem digitalen Studio durch Optimierung weiterhin neue Möglichkeiten abgewonnen werden. Allerdings führt diese musikalische Praxis heute eher zu einer rigiden Standardisierung, dem naiven Auf- und Abrufen der Preset-Sounds und der Metriken. Das Lineare definiert sich hier als die gleichförmige Abfolge bzw. als die Reproduktion eines vollkommen oder nahezu identischen Phänomens, und dies in mehr oder weniger kurzen Intervallen – wie bei einer Reihe von Hammerschlägen, einer repetitiven Serie, in die aber auch stärkere und schwächere Schläge und Pausen in regelmäßiger Folge eingehen können. Das Metronom gibt uns ein Beispiel für den harten linearen Rhythmus. Es bildet dem Ausgangspunkt alles Mechanischen. Das Lineare baut auf die Identität des Wiederholten, auf die Stereotype, und seine eher extensiven und symmetrischen Rhythmen neigen dazu, sich dem die Differenz differenzierenden Werden querzustellen.

**ZWEITER EINWURF:**

Im technophilen Konzept des emphatisch schizoiden Körpers lauerten von Anfang an Gefahren, die heute längst Gewissheit geworden sind. Die Intensivierung der Sinne und der Motorik des Körpers, wie sie durch Breakbeat und Breakbeatwissenschaft angetrieben wurde, eröffnete nicht nur neue sensorische Felder, wie dies Eshun glaubt, sondern sie wurde auch zum Repertoire, mit dem ihre Adressaten und Sender zu Teilen einer neuen Wellness- und Fitnessbewegung – gedämpft und hyperaktiv zugleich – transformiert wurden. Bei Goldie vermutet Kodwo Eshun – »[wenn] zwei Drumbreaks prozessiert [werden], bis sie rasseln wie verchromte Schlangenschwänze und in entgegengesetzter Richtung um deinen Kopf schwirren« (ebd.: 088) – als Effekt der Musik eine Art befreienden Körperkrampf und eine kopfzertrümmernde Synapsenverdrehung – aber – man muss es einfach hinzufügen –, es ist dem akzelerierenden Kapital längst gelungen, Körper und Hirn noch viel effektiver als die Breakbeat-Science in Panik zu versetzen (meinetwegen von guter in schlechte Panik zu versetzen, analog wie Eshun den guten vom schlechten Cyborg unterscheidet), um dann das verteilte Körper-Hirn der Überspasmisierung auszusetzen, die jedoch immer eine gute Schwingung (des Körpers) beibehalten soll, aber, indem Körper und Hirn von den angeblich guten Schwingungen unaufhörlich invadiert, dividuiert und bedröhnt/berieselt werden, bis sie förmlich überschnappen und deshalb wiederum überwacht und übermedikamentiert werden müssen, implodiert der Körper in sein eigenes Multisensorium und explodiert zugleich als verteiltes Hirn, sobald sein Zentralnervensystem endgültig in die Techno-City entlassen wird – die Dividuen werden heute zunehmend auf tippende Finger, spastische Körper und aufmerksamkeitsreduzierende und nervlich erschöpfende Informationsaufnahmen zugleich kondensiert, wenn sie etwa mit ihrem kryptischen Surfen in den sozialen Netzwerken verzweifelt versuchen, mit den Informationsgeschwindigkeiten und -massen Schritt zu halten. Mit dem Begriff des Spasmus (Krampf), den Guattari in seiner letzten Schrift *Chaosmose* verwendet, will er auf die exzessive und kompulsive Beschleunigung der Rhythmen des Ökonomischen, des Technologischen und des Sozialen hinweisen, auf eine forcierte Vibration sämtlicher Rhythmen in den alltäglichen Räumen der sozialen Kommunikation. Guattari bezieht sich hier insbesondere auf den Bereich der kognitiven Arbeit und der mit ihr zusammenhängenden nervlichen Belastung, der die Dividuen in den maschinellen Netzwerken und Systemen gegenwärtig immer stärker ausgesetzt sind. Demzufolge ist der Spasmus als ein Effekt der gewaltsamen Penetration des Kapitals in das Feld der Kommunikations- und Informationstechnologien zu verstehen, die wiederum unablässig auf die Sphären der Kognition, der Sensibilität, der Neuronalität und des Unbewussten einwirken.

Wie das Summen, Pfeifen und Qietschen erscheint auch das Klicken, Knacken und Knistern, das Plocken und Pochen (meist als Störgeräusche beim Betrieb von Geräten und Maschinen bezeichnet) als der akustische Müll einer auf Elektrizität und Elektronik basierenden Technologie. Durch seine Infiltration und Integration in den Sound hat der akustische Müll aufgehört zu stören und mutiert oft genug zum angenehmen Klang, zu einem Soundelement, das als Baustein für das Komponieren verwendet wird und seinen Platz innerhalb einer schönen Sinnstruktur der Musik einnimmt.

Als Rhythmus-Synthesizer kann die Musik-Schwingung (Quantenphysik des Lärms) aber auch direkt in den dividuierten Körper eindringen, um sein zeitliches Auflösungsvermögen, das seine Lokalisierung im Ohr längst verloren hat, und seine Orientierung in der Zeit zu verwirren, sodass er als verteiltes Hirn über-tranquilisiert werden muss, damit die Musik ihn passieren kann, ohne Spuren zu hinterlassen. Musik wird in den heutigen Mega-Cities niemals ausgeschlossen und ist damit prädestiniert, hyperpräsent zu sein; sie sekretiert als Panikstimmung oder fließt in einer Art akustischer Inversion von Energieprozessen (die durch eine Nukleinkraft zusammengezogen und -gehalten werden) durch die zeitgenössischen sozialen Labore (das Kapital kennt nur noch Labore). Indem sie global zirkuliert, transportiert Techno-Musik (jede Musik ist heute Techno-Musik) das postcontemporary Energieniveau – das Hyperaktivität und Burnout zugleich erzeugt – durch die Zentralnervensysteme (der Finance, des Dance und der Dividuen), wobei letztere wie vergoldete Klapperschlangenschwänze die Techno-Landschaften durchfluten. Da die hyper-futurisierte Musik, wie Eshun sagt, der gute Cyborg ist, (man kann sie allerdings mit Arthur Kroker auch als »gespenstische Formwerdung von fraktalen Subjekten, Spaßvibrationen und panischem Lärm beschreiben« (Kroker, Kroker, Cook 1999: 105), macht sie die Technologie des Kapitals, ja das Kapital selbst, noch viel besser, indem sie etwa soziale Beziehungen herstellt, die kein Eigentum verlangen. Sie zirkuliert dann nämlich analog dem Derivat, dessen Kapitalisierung auch nicht unbedingt Eigentum verlangt. (Von nun an ist Sound als Audio je schon an die technologischen Dispositive der Produktion und Rezeption von Sound angeschlossen.)

## AUSWEGSLOS UND/ODER INWEGLOS

Eine Rhythmacht ist instabil, ihre Theorie ist auf das Ereignis bezogen, sodass die Axiome der Nicht-Musikologie immer vorläufig sind, während gleichzeitig ihre theoretische Praxis von den Samples abhängig ist, die zur Verfügung stehen, und zugleich durch die Schaffung neuer Samples überprüfbar wird. Die Rhythmacht wird durch die axiomatische Anti-Kausalität des Rhythmus als Gegenzählung und durch die Methode des Rhythmischen bestimmt, die ausgehend von der Rhythmizität hört. Obgleich die Nicht-Musikologie kritisch gegenüber der musikalischen Doktrin ist, ist ihr Ziel nicht die absolute Zerstörung der Musik, sondern das der Invention und Innovation in der Musik. (Fowler 2015) Nicht-Musikologie operiert als ein spezifischer Shift mit dem Realen, wobei mit der Nicht-Musik kosmopolitische Zeitpakte oder Rudimente, i.e. Quanten angestrebt werden. Diese Rudimente können sich verschieben, um alle Sorten von Konfusion anzurichten und um gleichzeitig die unendliche Aufgabe »Weitermachen« zu geben. Wenn Teile dieser Rhythmächte der Metrik äquivalent sind, dann bricht die Nicht-Musikologie diese Rudimente einfach aus ihrer Äquivalenz heraus und benutzt sie indifferent gegenüber musikalischen Strukturen. Die axiomatische Antikausalität der Gegenzählung ist der Angelpunkt einer Theorie, die die Gegenzählung des Rhythmus fordert, damit die verschiedenen Bruchstücke, die die Musik bevölkern, als ungezählt in Beziehung zum Rhythmus gesetzt werden können. Diese Art der Nicht-Mixologie erlaubt es, die Fragmente hin und her zu bewegen, um alle Sorten der Konfusion herzustellen und der Musik die unendliche Aufgabe aufzubürden, weiterzumachen (Ultrablackness), endlos die Fragmente der Rhythmächte zu mixen und zu remixen.

## SAMPLING-POLITIK

Die theoretische Praxis der Musik bezieht sich heute immer auch auf Sampling-Politik, die zwischen der Kenntnis eines aktuellen Pools von Samples und der Kapazität, neue Samples zu kreieren, oszilliert. Heutzutage sind Samples Teile eines ubiquitären Medienpools, egal, ob sie von analogen oder digitalen Medien gespeichert werden. Sampling inkludiert die durch das Programm kontrollierte bzw. maschinelle Transformation des musikalischen Materials, und dies mit Hilfe von Features wie transposing, time-stretching, cut-up etc. Sampling ist eine Technologie, die dazu dient, vielfältigstes Medienmaterial zu transformieren. Anstatt den Prozess eines exakten Mappings vom Input zum Output in Gang zu setzen, konstituiert das Sampling meistens einen asymmetrischen Produktionsprozess, indem es das bisherige Signal von seinem alten Environment trennt und in ein neues einfügt. Sampling dekonstruiert damit den absichtsvollen Transfer von der Quelle hin zum Ziel, indem es die Rekombination als primäre Funktion einsetzt. Gleichzeitig verdichtet sich im Sample ein Gedächtnis, das Universum verdichtet sich mit ihm in einem Körnchen Sound, wobei das Sample nun auch wieder eine bestimmte alte Umgebung mit sich führen kann. (Eshun 1999: 216) Samples zeitigen dann einen Realitätseffekt, weil man die Samples eben wiedererkennt, aber sie können weiterhin auch einen Unbekanntheitseffekt erzeugen, weil man manche eben nicht wieder erkennt. Sie lösen dann Wellen der Verfremdung und deren Rezeption aus, löschen aber auch Gedanken. Sie zeitigen de-realsierende Effekte, die in die Gewohnheit hineinschneiden, indem sie etwas ausschneiden.

**DRITTER EINWURF:**
Gerade mit den musikalischen Funktionen des Remixens und der Rekombination findet aber auch eine Mimesis an die derivativen Preisbewegungen statt. Analog befindet sich der Musik-Markt heute immer schon im Prozess des Re- der Rekombination. Und der Ursprung, nach dem wir uns so sehr sehnen, ist und bleibt in einen endlosen Prozess der Rekombination bzw. des Sampling im und am Musik-Markt eingebunden, i.e. der Markt ist der Fall einer originären Wiederholung, er besitzt den Charakter einer Spur. Die Originalität des Marktes impliziert das Verschwinden des Ursprungs à la »am Anfang war der Markt und dann kamen die Musik-Werke«, sodass letztere eben heute als nichts weiter als Derivat-Simulationen fungieren, die gehandelt werden, um das Re- der Rekombination zu prozessieren.

## SAMPLING UND HÖREN-IM-RHYTHMUS

Als Bedingung einer nicht-musikalischen Produktion fungiert Sampling-in-der-letzten-Instanz. Sampling, das auch die pulsierenden Rhythmächte, die durch immanente und generische Methoden von perkussiven Flights und differenziellen Strukturen des Sounds erzeugt werden, aufnimmt, intendiert kein In-der-Welt-Sein, sondern In-der-Musik-Sein, das heißt eine Musik, die radikal immanent bleibt. Rhythmächte werden durch die Kraft des Rhythmus erzeugt und gesampelt in der letzten Instanz und binden zugleich die Methoden der Rhythmisierung an ein ökologisches Hören-im-Rhythmus. Dabei bleibt die Relation zwischen Rhythmus und Hören unilateral. Es gibt nur einen Weg, nämlich den vom Rhythmus zum Hören. Weil die Nicht-Musikologie eine unilaterale Relation zwischen Rhythmus und Hören einfordert, kann das Hören-im-Rhythmus den Rhythmus nicht affizieren, sodass der Rhythmus gegenüber dem Hören-im-Rhythmus abgeschlossen bleibt. Die Unilateralität des Rhythmus bedeutet aber nicht, die Musik auf Rhythmus zu reduzieren, sondern sie wird vom Rhythmus aus gehört (plus ihren territorialen Motiven und melodischen Landschaften).

Nicht-Musikologie platziert die experimentelle musikalische Nicht-Komposition in einen ökologischen Anti-Grund hinein, dem Hören-im-Rhythmus. Wenn man vom Rhythmus her hört, dann hört man Hören-im-Rhythmus als radikale Ökologie. (Fowler 2015) Das musikalische Bedürfnis nach dem Rhythmus oder das Hören des Rhythmus, wobei dieser dann meist der Metrik subsumiert ist, wird negiert. Man hört vom Rhythmus aus, wenn man spürt, dass alle Zählungen im Hören-im-Rhythmus verstreut sind (man komponiert auch nicht die Zählung des Rhythmus, sondern konstruiert die Gegenzählung). Rhythmus ist jetzt auch radikale Ökologie, unterschieden von Metrik und Erscheinung. Weiterhin arbeitet die

Musik-Fiktion am Privileg – selbst im Hören des Rhythmus oder gerade durch die Interaktion mit dem Hören-im-Rhythmus –, den Rhythmus von jeder Autorität zu befreien, selbst noch von der der Wissenschaft, indem die Wissenschaft rein als Material be- und genutzt wird. Befreit von der musikalischen Komposition strategemisiert die Nicht-Musikologie mit einer fraktalen Unbestimmtheitskraft das Sampling sowie die Rhythmächte, wobei letztere inkonsistent gegen die Zählung zählen. Rhythmacht ist nun zugleich der nicht-musikologische Term für eine nicht-musikalische Praxis des indifferenten Hörens, das die narzisstische Musik und das narzisstische Hören ersetzt. Durch die Parallelisierung des Sampling-in-der-letzten-Instanz mit dem Trassieren der Rhythmizität des Rhythmus im Hören-im-Rhythmus entwickelt die Nicht-Musikologie eine neue radikale Ökologie. Dafür sampelt sie von den Wissenschaften und der Philosophie, ja vom musikalischen Material selbst, um eine immanente generische Matrix zu konstruieren, die nicht länger durch die kapitalistischen Relationen der Produktion und Zirkulation überdeterminiert, sondern durch eine Art von Objektivität ohne Repräsentation konstruiert wird. Die traditionelle Musiktheorie, die sich durch ihre Indifferenz gegenüber dem Rhythmus auszeichnet, muss hingegen Musik als Metrik, Ordnung und Komposition halluzinieren, um dann eben auch die radikale Ökologie ignorieren zu können, die in Relation zur nicht-musikologischen Objektivität steht, die ohne die geläufigen Repräsentationen auskommt. Rhythmächte müssen sich zur gleichen Zeit immer auch einer perzeptiven Ökologie erwehren, die permanent durch die Konvertabilität des Geldes infiltriert wird.

Das Hören-im-Rhythmus kann das Hören und sein Organ, das Ohr, durchaus überfordern, wenn der Rhythmus bzw. die Perkussion zu mobil, motil und verteilt ist, sodass es dem Ohr nicht mehr gelingt, einen festumrissenen

Sound wahrzunehmen und damit der Sound auf die Haut wandert und diese anfängt, selbst zu hören. (Eshun 1999: 217) Die Haut wird zur Antenne, die empfängt und aussendet zugleich (ebd.: 117): sie komprimiert sich, wirft Bläschen oder erzittert und atmet das nonverbale »Nirvana der taktilen Telepathie« (ebd.: 118). Bassfrequenzen erzeugen mächtige taktile und taktische Vibrationen, da der Bass nicht nur hör-, sondern auch fühlbar ist. Bass-induzierte Musik lässt tradierte Wahrnehmungsparameter von Raum und Zeit crashen, führt zu »Audiohalluzinationen«, einer Musik, die das Ohr hinters Licht führt. (Ebd.) Ein weiterer entscheidender Parameter der »Audiohalluzinationen« ist das, was Goodman »Rhythmanalysis« (Goodman 2009) nennt und in Beziehung zu Eshuns »Futurhythmachine« (Eshun 1999: 026) steht.

**VIERTER EINWURF:**

Nicht-Musikologie widerspricht der Inskription des Differenzianten Wert, der das Geld in alle Register einschreibt, und sie widerspricht dem Beat des Signifikanten, der das Metrum als Preis zählt und eben nicht als das tic-toc der pulsierenden Differenz als Nicht-Preis. Die punktierte Produktionszeit der Codes wird permanent in den Körper der Musik eingeschrieben. An diesem Punkt kann es schnell zu einer Konvergenz zwischen der non-frequency-politics und dem High-Frequency-Trading kommen.

»Eine Politik der Prekarität […] wird sich vom Zentrum weg bewegen müssen, niedrig fliegen und alle ihre Kräfte lateral sammeln müssen, um die zusammenfallenden Rhythmen von Tanz und Finanz zu animieren« (Martin 2015: 212). Vermutlich gibt es, wie Randy Martin ausgeführt hat, einige paradoxe Analogien von Tanz und Finanz aufzuzählen; man vergleiche das Falten und Auseinanderfalten des Körpers, seine Unvollkommenheit und Unabgeschlossenheit, mit den Teilungen und Bündelungen der Risiken des Derivats. (Derivate sind dynamisch komponierte Un-Ordnungen, die verschiedene ökonomische Eigenschaften wie Fristigkeit, Wert, Preis, Risiko, Cashflow etc. besitzen. Gerade die Effekte der Bündelung und der Tranchierung der Risiken zeigt, dass der differenzielle Handel mit Risiken dem Verhalten deterministisch chaotischer Systeme folgt, was zum Phänomen der sich verstärkenden Euphorien, Epidemien oder kumulierender Panikreaktionen führen kann, zu extrem hohen Fluktuationen oder gar Brüchen.) Tanz wie Derivat sind Momente einer verstreuten Form von Eigentum und mobilisieren eine »dezentrale soziale Kinästhetik« (ebd.). Der Tanz kann über alle Linearitäten hinaus fließen, um tanzender Überfluss und Überschuss zu werden, wie eben auch das Derivat keine abgeschlossene Entität ist, sondern in seiner Multiplizierung den Topologien gekrümmter Oberflächen ähnelt. Aber macht dies Derivat und Tanz schon gefährlich, monströs, ja zur potenziellen Kippstelle des maschinellen Kapitals?

Die Kinästhetik des Krieges, wie sie von Underground Resistance entwickelt wurde, ist demgegenüber darker, zielt direkt auf das Nervenzentrum des Kapitals und seiner Akteure, zielt auf eine neue sensorische Verfasstheit – man denke aber auch an Drum & Bass, der den ultrahektischen und stolpernden, aber dennoch präzisen Tanzschritt betont, bei dem andere Körperteile nicht ausgeschlossen sind. Überhitzte Nervensysteme und Muskelsysteme, die die Natur der Aufmerksamkeit veränderten, führen ungesunde spasmodische Verdichtungen herbei. Einzig von der Betonung ihrer dunklen, negativen Seite her wird die Musik wieder verführerisch, indem sie zugleich den Kopf seekrank macht.

Tanz wird immer mit Bewegung in Verbindung gebracht. Aber man sollte hier auch den Affekt beachten, der mit der Bewegung im Tanz nicht zusammenfällt, womit eine Unterscheidung zwischen dem Material des Körpers und seinen Expressionen getroffen werden muss. Im Tanz ist der Affekt von der Bewegung begleitet, ohne dass diese primär ist. Der Affekt ist sogar unabhängig von der Bewegung des Körpers, bleibt aber im Körper lokalisiert. Er wird interiorisiert, ja er ist innen und dies vollzieht sich im Prozess des Tanzes selbst. Entgegen der Ansicht von Eshun kann jedoch der Affekt von der Musik nicht so ohne Weiteres eingefangen werden – womit die Immersion des Publikums in den Sound prekär bleibt –, weil man im Prozess des Tanzens selbst ständig neue Relationen und Assoziationen entdeckt. Die Kinästhetik impliziert Bewegung, aber diese Bewegung ist die externe Manifestation eines internen Systems, das sensorische Kapazitäten besitzt. Die Bewegung der Körper im Landscape des Tanzes ist diejenige zwischen Interiorität und Relationalität. Und die internen Vibrationen von Körpern und Objekten gilt es in Beziehung zu den relationalen Kräften zwischen diesen Entitäten zu setzen. Es gilt den Affekt, der nicht mit Bewegung gleichzusetzen ist, im Inneren und zwischen den Entitäten zu lokalisieren. Tanzmusik ist Kinästhetik, aber sie ist auch Kopfmusik. Durch bestimmte Regeln – die Melodie ist wichtiger als die Harmonien, die Beats sind wichtiger als der Rhythmus – werden sowohl der Körper und seine Bewegung als auch die Kognition hierarchisiert. Breakbeatwissenschaft, wie sie Eshun konzipiert, soll hingegen auf schizoide Versinnlichung abzielen, auf einen intensivierten Rhythmus und die Sensation. Schon der kosmische Jazz von Sun Ra zielt auf Verstörtheit; die monströse Superfluidität seines Mischpults, die den derealisierten Sound wie den von »Hornissenschwärmen und Quasaren, von inkompatiblen Soundblöcken und Timbres, die sich aneinander aufrauen, erzeugt« (Eshun 1999), soll die Mustererkennungs-Kompetenzen kollabieren lassen. Dazu gehören Empfindung, Affekt und Kognition. Allerdings besitzt die Körperpolitik von Eshun einen zu starken Zug zum Techno-Naturalismus.

**FÜNFTER EINWURF:**
Die Kinästhetik ist immer auch ein Gebiet, in das der militärisch-industrielle Komplex eindringt: »Vom Internet bis zu den Simulationsspielen in den Spielhallen ist die Zivilgesellschaft nichts anderes ein riesiger Forschungs- und Entwicklungszweig des Militärs« (ebd.: 101). Der militärisch-unterhaltungs-technische Komplex erzeugt sowohl Tanzräume als auch öffentliche Räume der Unsicherheit und der Katastrophen, wobei beide Räume kollektive Paranoia ausspucken. Paranoia ist die klassische Basis neofaschistischer Bewegungen. Kulturindustrie ist das Netzwerk und der Spielplatz, auf dem minderwertige Technologien freigelassen werden, um minderwertige Ideologien zu verbreiten. Das Kontinuum zwischen Fiktion und Faktum ist zu einer katastrophischen Zeitfalte implodiert. (Ebd.: 146)

## KUNST UND MUSIK UND DERIVAT (ERSTE GENERALISIERUNG DER EINWÜRFE)

Laut McKenzie Wark fungiert das Kunstwerk heute als ein Derivat seiner Simulation. (Wark 2016) Wir würden eher sagen, es fungiert in seiner Verbreitungsweise und Diskursivierung ähnlich einem Derivat. Es gibt verschiedene Arten der Simulation; es kann ein MP3 sein, das mit einem Text an ein Label verschickt wird. Das Label hört das MP3-File und liest den Text und trifft eine Entscheidung. Von der MP3-Datei hängt die Transaktion ab, aber es wird ähnlich einem Derivat gehandelt, das eine Reihe von Relationen unterhält. Musik fungiert hier wie ein Derivat seiner Simulationen, insofern die Labels, Clubs und Konzerte (ähnlich wie Kunstmessen, Galerien und Veranstaltungen) artifizielle Produkte als Simulationen präsentieren. Kunstmessen verkaufen, so McKenzie Wark, Kunstderivate ihrer simulierten Bilder. Um es genauer zu sagen, Kunstwerke sind heute risiko-gesättigte Finanzanlagen, weil die Ökonomie mit ihnen arbeitet. Das Kunstwerk fungiert auf dem Kunstmarkt potenziell als eine risikoreiche Finanzanlage, die zur Absicherung gehedgt oder diversifiziert werden muss. Wenn man die Werke eines Künstlers kauft, dann kauft man riskante Positionen. Und wenn man Werke sammelt, dann sollte man das Risiko auch diversifizieren. Das Werk ist dann Teil eines Portfolios, das verschiedene konkrete Arten von Risikoprodukten enthält, mit denen das allgemeine Risiko des Portfolios gemanagt werden soll. Das Portfolio von mehreren Werken ist dann effizient, wenn es bei kleinstem Risiko den höchsten Profit einbringt. Es ist ein Mix, der dem langfristigen Hedge gegen Risiken entspricht, die stets auch verschiedene Arten des Absterbens von simulierten Werten inkludieren – dies kann ein fallengelassener Künstler, das Sterben seines Diskurses, von dem die Arbeit abhängt, oder die Überproduktion durch den Künstler selbst sein.

Die Finanzanlage »Kunstwerk« weist heute gerade durch die Zirkulation und die Ausstellung ihre Authentizität und zugleich ihren simulativen Charakter nach. (Ebd.) Dies kann auch ein Kunstwerk leisten, das ganz auf die Simulation des Künstlers bezogen ist. Und das Kunstwerk kann zum Accessoire der globalen Celebrities mutieren, indem es an die Kunstwelt, die Mode und die Popmusik angeschlossen wird. Manche denken, dass das Kunstwerk eine rare und singuläre Ware sei, aber diese Ware fungiert längst wie ein Derivat, das zwar noch Kontakt mit dem Underlying, i.e. mit seinem eigenen Körper und dem des Künstlers unterhält, wobei das Underlying aber hinter die Simulation eines Multiversums von Bildern, inklusive dem des Künstlers als Popstar, zurückfällt. Warhol entdeckte, wie gerade die Simulation Herkunft erzeugt, und wie das Kunstwerk ähnlich einem Derivat fungieren kann, das in ein Portfolio von simulierten Werten integriert ist.

McKenzie Wark fragt: War es vielleicht gerade die Dematerialisierung des Kunstwerks durch den Minimalismus, die das industrielle Modell in der Kunst zum Verschwinden gebracht und dem finanziellen Modell in der Kunst den Weg geebnet hat? (Ebd.) Wenn das Kunstwerk vom Produkt einer handwerklichen Arbeit zum finanziellen Instrument mutiert, dann benötigt es, um auf dem Kunstmarkt bestehen zu können, keine speziellen Produktionsmittel zu seiner Herstellung mehr; in der Tat konkurrieren Kuratoren heute mit Künstlern um den monetären Einfluss wie die DJs es im Feld des Audios mit den Produzenten tun. Kuratoren und DJs sind eine Art Portfoliomanager des »Qualitativen«. Der nächste Schritt nach der Dematerialisierung des Kunstwerks mag die des Künstlers selbst sein, dessen Platz von algorithmischen Funktionen eingenommen werden könnte. Kommentatoren, Meinungsmacher und Wissenschaftsbetrieb unterstützen aktiv die ganze Bandbreite der Simulationen, die das Kunstwerk als Derivat seiner verschiedenen Arten von Zeichenwerten verankern.

In diesem Kontext werden jedoch Kopie und Original nicht ununterscheidbar. Aber ihre Beziehung wird zumindest reversibel, ja die Kopie kann dem Original sogar vorausgehen. Man sieht oder hört eine Reproduktion und will danach gerade deshalb das Ding sehen oder das Stück hören, von dem die Kopie gezogen wurde. Die Kopie hat nun die Herkunft des Originals kreiert, nicht umgekehrt. Die Kopie kann dem Original nicht nur vorausgehen, sie kann es auch authentifizieren. Hier gilt es das Verhältnis zwischen Kunst als Rarität und der ubiquitären Information zu bedenken. Diese Ubiquität kann eine Art verteilter Herkunft sein, von der das Kunstwerk selbst das Abgeleitete ist. (Ebd.)

Kunstwerke sind heute auf jeden Fall im monetären Sinn riskante Anlagen, aber seit Black-Scholes lassen sich die Risiken repräsentieren, indem man sie auspreist. Somit können auch die Risiken der zeitgenössischen Kunst bis zu einem gewissen Maß gemanagt werden. Die Spekulation auf Kunst und Künstler bezieht sich heute weniger auf individuelle Urteile als auf die Benchmark, die in der Konkurrenz eines Sammlers mit anderen Sammlern gesetzt wird. Kunst mutiert damit zum Sub-Gebiet der modernen Portfoliotheorie, des Risikomanagements und der Strategien der Diversifikation. Theorie, Philosophie und Kritik zählen nur noch am Rand. (Vgl. Heidenreich 2016)

Wenn dem Risiko eine Bewirtschaftung der Zukunft inhäriert, dann bedarf es, um die Kapazität des Risikos auszupreisen, einer Machttechnologie wie die der Derivate (sie sind zudem spekulatives Kapital). An den Finanzmärkten findet die Kapitalisierung – die Diskontierung zukünftig zu erwartender Gewinnströme und der entsprechende Handel mit finanziellen Assets – als Prozess der kontinuierlichen Bewertung der Risiken qua Derivate statt. Da jeder zukünftige Renditestrom von Derivaten kontingent ist, kann ohne die Kalkulation, die darauf ausgerichtet ist, das Risiko hinsichtlich einer zukünftigen Generierung von Renditen zu bewerten, keine Kapitalisierung stattfinden. Kapitalisierung erfordert also einen bestimmten Modus der Identifizierung, der Kalkulation und der Bewertung von ökonomischen Ereignissen, die zuerst einmal klassifiziert und dann als Risiko-Ereignisse objektiviert werden müssen, um ihre zukünftige Profitabilität prognostizieren zu können.

Wann immer ein professioneller Trader einen Trade beginnt, so versucht er, die involvierten Risiken zu bewerten. Prinzipiell kann man heute drei Strategien des derivativen Handels unterscheiden: Arbitrage, Hedging und Spekulation. Arbitrage intendiert die Realisierung eines möglichst risikolosen Gewinns durch die gleichzeitige Exekution von finanziellen Transaktionen auf mindestens zwei oder gar mehreren Märkten. Beim Hedging benutzt man Derivate, um das Risiko (der Spekulation), das aus der zukünftigen Veränderung von ökonomischen Marktvariablen resultiert, zu minimieren. Spekulation bedeutet, dass Derivatverträge gekauft oder verkauft werden, um Gewinne aus der zukünftigen Operationalisierung der Differenz zwischen den fluktuierenden Preisen des Underlyings und den fixierten Preisen des Derivats zu erzielen. Generell sind dem Spekulanten diverse Möglichkeiten anheim gegeben, um mit einem wesentlich höheren Leverage als ein traditioneller Investor zu arbeiten, der das Underlying oder eine Sicherheit zum jeweiligen Marktpreis handelt. Der Spekulant handelt in erster Linie die Preise der Derivate selbst.

Eine Position zu hedgen impliziert, sich gegen zukünftige Verluste abzusichern, man denke an eine Versicherung gegen fallende Preise. Heute kauft und verkauft man Forward-Verträge, Optionen, Swaps und Futures, um einen zukünftigen Preis zu bestimmen und zu realisieren. Optionen sind Derivatverträge, die das *Recht* beinhalten, Underlyings bis zu einem bestimmten Zeitpunkt zu einem festgelegten Preis zu kaufen oder zu verkaufen, ohne dass man die Option auszuführen braucht, das Underlying zum vereinbarten Preis und Zeitpunkt auch wirklich zu handeln. Ein geringer Aufwand jetzt kann spätere Gewinne garantieren. Eine weitere Strategie besteht in der Konstruktion eines Portfolios, das heißt in der Diversifikation und dem Bündeln von multiplen Positionen, deren Risiken sich gegenseitig neutralisieren sollen. Die Venture-Sammler an den Kunstmärkten arbeiten oft nach der Portfoliotheorie. Sie kaufen viele Werke von jungen Leuten. Dies hilft die Risiken zu diversifizieren. Weder die Portfoliodiversifikation noch das Hedging, bei dem die Operationen der Deckung dahingehend laufen, dass man den Kauf von Risikopapieren mit dem Kauf gegenläufiger Derivate kompensiert, garantieren jedoch die in den Modellen unterstellte paradoxale Stabilität des Risikos.

Selbst wenn es noch keine Derivate auf Kunstwerke gibt, so wird ihr (simulierter) Wert doch in ähnlicher Art und Weise gemessen. Jedes Kunstwerk funktioniert ähnlich einem Derivat als kalkulierte Erwartung auf den zukünftigen Output des Künstlers und die darin enthaltenen Geldströme; Künstler werden gemäß ihrer impliziten Volatilität ausgepreist und sie verlieren mit dem Alter an Wert. Kein Investor schaut auf den inneren Wert des Kunstwerks bzw. des Kunst-Assets, was immer dieser Wert auch sein mag, sondern er bezieht sich auf die Wahrscheinlichkeit, dass ein mit Rendite gesättigter Preis durch den Handel von Kunstwerken in der Zukunft realisiert wird. Finanzielle Potenz bedeutet Forderungen auf zukünftige Zahlungen zu besitzen. Liquidität spielt hier eine Rolle, die nicht in Beträgen, sondern in Strömen gemessen wird. (Ebd.) Kunstwerke sind reale Assets (Vermögenswerte), die zirkulieren, und ihr Preis steigt oder fällt in Relation zum Preis von anderen Assets wie Häusern oder Land. Ausgestellt, hier und dorthin verschifft, von Leuten konsumiert – all das ist Teil ihres Risikomanagements. Dabei wird die Differenz, zwischen dem Kunstwerk, das als Teil der Assetindustrie bewertet wird, und dem, das die handwerkliche Arbeit in der Kunst repräsentiert, permanent beobachtet.

Es gibt eine Techno-Euphorie, die vom Glauben an die befreiende Macht der Technik angetrieben wird. Die Medienkunst war ein Versuch, einen technophilen Modernismus zu kreieren, der ohne technophobische Grenzen auskommt. Der unbeirrte Glaube der Medienkunst an die Technologie wurde jedoch vom Kunstmarkt absorbiert, dem es schnell gelang, selbst noch die Installationen auszupreisen. Die Aufbewahrungsorte der Kunst arbeiten heute gemäß den Marktgesetzen und sind deren Fluktuationen unterworfen. Wenn manche Künstler sich der mechanischen Reproduktion nach wie vor widersetzen, dann macht gerade die Techno-Phobie die singulären Kunstwerke auch als Finanzanlagen attraktiv, und die Massenmedien unterstützen dies, indem sie dem Authentischen einen Wert zusprechen, obgleich das Verhältnis von Kopie und Original längst reversibel geworden ist. Die Beziehung zwischen Modernismus und den originellen Repräsentationen des Massenmarktes ist die einer reziproken Stabilisierung, weniger die einer Identität oder eines Antagonismus. (Ebd.)

Derivate wie die oben genannten gibt es zwar für Kunstwerke oder Musik nicht, aber es gibt zumindest materiell-diskursive Konstruktionen, die in diese Richtung zielen. In der Techno-Musik werden diese Prozesse auf einem monetär meist niedrigen Level durch die praktisch gelebte Ideologie der Kreativität vorangetrieben. In einer Zeit, in der tendenziell alle Aspekte des Lebens quantifiziert, gemessen und spekulativ gehandelt werden, erlangt der nebulöse Term »Kreativität« eine überragende

Aktualität; er ist Teil einer neuen materiell-diskursiven Formation der Finanzialisierung. Die technoide Musikproduktion scheint ganz auf Innovation ausgerichtet zu sein, womit von den Akteuren dieser »Kreativwirtschaft« ständig Kreativität, die den Willen zum Wandel impliziert, eingefordert wird. Der Absatz der Musik-Waren soll gerade durch die kreative Erzeugung von Differenz im Wettbewerb gewährleistet werden, aber gerade der über den Wettbewerb sich durchsetzende ökonomische Zwang zur profitablen Produktion führt durch die Differenz hindurch zur Reproduktion bestimmter Mechanismen der Standardisierung (die standardisierten Muster der Techno-Tracks; Raves, Clubs und Galerien, die Eshun als das Nervensystem des Techno bezeichnet, müssen bestimmte räumliche, zeitliche und ästhetische Kriterien erfüllen, um zu funktionieren), die den organisierten Trend, der das Neue als Markenzeichen setzt, konterkarieren, um wiederum die Kreativität als dominanten Trend anzuschieben. Adorno sähe hier das Identifikationsprinzip im Spiel, das Lebensformen, Produktionsformen, Moden und Dinge aufgrund der anhaltenden seriellen industriellen Produktion der Konvergenz unterstellt. (Vgl. Adorno 1966) Gerade die fortwährende Austauschbarkeit, Kommensurabilität und Quantifizierung von Waren (in Relation zum Geld), denen zudem das Parergon der Kreativität zugeschrieben wird, setzt die Immergleichheit des Zirkulationsprozesses fort, der selbst ein Resultat der Kapitalreproduktion ist. Adorno beachtet aber noch zu wenig, wie Konvergenz gerade durch Divergenz hergestellt wird. Hingegen ist Adorno darin wieder zuzustimmen, dass eine derart gelingende Integration den Antagonismus letztlich nicht eliminieren kann.

Die Finanzialisierung setzt einen Trieb, ja ein spekulatives Ethos für das »Neue« in Gang, einen Appetit für die Performance des »Neuen«. Um ihre Qualität für Investoren zu demonstrieren, müssen Künstler und Unternehmen heute nicht nur zukünftige Profitabilität versprechen, sondern auch die zukünftigen Innovationen beglaubigen, i. e. das konstante Revolutionieren ihrer Produktionsmittel, der Outputs, der Distribution und des Verkaufs; es entsteht eine Ökonomie, die geradezu pathologisch von der Performance des Kreativen getrieben wird. Das Konzept der Kreativität funktioniert hier ähnlich einem Asset, das als ein Instrument der Macht fungiert, welches über die Bewertung und den Vergleich der Outputs der Akteure diese permanent dazu auffordert, noch etwas kreativer zu sein als bisher, womit im Endeffekt keiner mehr kreativ genug ist. Kreativität operiert hier als ein flottierendes Signifikat, dessen Signifikanten sich endlos fortwälzen und reproduzieren, um das Signifikat zu beglaubigen. Dabei wird im Kunstbetrieb das einzelne Werk nicht nur in Bezug auf das Neue und die Kreativität, sondern immer auch in seinem Verhältnis zu anderen Werken bewertet, insbesondere auch zu anderen Werken, von denen es abstammen könnte und somit besitzt es selbst einen derivativen Status (der allerdings von dem des Derivats zu unterscheiden ist, da dieses gerade heute eine determinierende Kraft gewinnt und die sog. Realökonomie zum Abgeleiteten degradiert. In der Verwischung dieser beiden Bedeutungen scheint auch das Problem der Analyse von McKenzie Wark zu liegen). Für die Künstler wird damit die Bearbeitung der Unterscheidung zwischen kreativ und derivativ prekär, insofern andere Künstler, die Konsumenten und die Kommentatoren permanent als produktive Testinstanzen fungieren, die die Bewertung und Unterscheidung von kreativ und derivativ vornehmen, um andauernd neue Rankinglisten zu fabrizieren. Der Wert eines Assets hängt nun von dem eines anderen Assets ab. Warhol und später die digitalen Industrien haben die Unterscheidung zwischen kreativ und derivativ immer weiter verwischt, obgleich sie nach wie vor existiert. Jeff Koons und Damien Hirst haben den

Kitsch, postindustrielle Techniken und das Leverage der Finance in ihre Arbeiten integriert. Sie handeln mit ihren Kunstwerken zwar keine Derivate, zumindest folgen sie aber deren Logik. Derivate sind extrem flexible und inexakte Instrumente, um Risiken zu schneidern und zu bewerten, und sie sind selbst Waren oder Kapital; es geht darum, das Risiko zu managen und selbst kleine Investments (wie man sie eher im Techno vorfindet) zu hebeln, eine Logik der präventiven Zukunft zu entwickeln, um die zukünftige Unsicherheit in heutige Risikoinstrumente und Waren zu verwandeln, die man profitabel einsetzt, ohne dass die Unsicherheit eliminiert werden kann.

**SECHSTER EINWURF:**
Diese Art der Behandlung der Unsicherheit hat aber auch eine andere Seite: Es ist eine der Basisvorstellungen des Neoliberalismus, dass die Subjekte kreativ sind und dass sie im Angesicht der Unsicherheit im Hier und Jetzt die optimalen Bedingungen vorfinden, um kreativ zu sein. Im Fahrtwind, den der Kult des Brandings erzeugt, mutieren die Individuen zu Risikonehmern und zu sophisticated finanziellen Akteuren, die die Methoden und Praktiken des Risikomanagements zu ihrer eigenen Sache machen. Und damit gilt Sicherheit geradezu als Teil einer dekadenten Lebensweise, die vielleicht sogar dazu führt, dass die Akteure exzessiv der Faulheit frönen und am Ende nichts mehr produzieren. Allerdings, so behauptet Mark Fisher, sei gerade die Eliminierung der sozialen Sicherheit unter neoliberalen Bedingungen eine der wichtigsten Ursachen für den Niedergang der Kreativität. (Fisher 2015) Um wirklich innovativ zu sein, muss man sich in einer rhythmisierten Raumzeit in etwas vertiefen können, während der Neoliberalismus hingegen die flache Raumzeit eines Brokers favorisiert, in der das Interface bzw. der Bildschirm zu dessem ständigen Begleiter wird, bis der Broker selbst wie ein 24-Stunden-Monitor agiert und Informationen, Marktgerüchte und Nachrichten in Form pulsierender Datenpakete absorbiert oder wahlweise verbreitet, um hierin mit dem Hyperpuls der trotz des permanenten Einsatzes der Wahrscheinlichkeitskalküle weiterhin unvorhersehbaren Marktbewegungen verschaltet zu bleiben, bis er schließlich in 3D das verkörpert, was er in beschleunigt getakteter Permanenz bearbeitet und bewirtschaftet: ein »pulsierender und fibrillierender Leuchtpunkt des Geldes« (Kroker, Kroker, Cook 1999: 105).

In der Abwandlung eines Baudrillard-Zitats, das auf den unendlich wählenden Wähler gemünzt ist, könnte man schreiben: Die Kulturindustrie berieselt und enerviert zugleich das erregte und zugleich erschöpfte Nervensystem, lässt die Leute hören, bis sie selbst immer öfter hören wollen, und sie würden am liebsten noch viel mehr hören. Was nicht bedeutet, dass sie einen Geschmack hätten oder an die Bedeutung der Musik glauben würden – ganz im Gegenteil kommt darin das Verlangen nach einer Hör-Verfressenheit zum Ausdruck: Das Musiksystem wird in gefräßiger und exkrementeller Weise verschlungen und verdaut. Man entledigt sich seiner durch einen Exzess (nicht durch Ablehnung, sondern durch eine Verdauungsstörung) – das ganze System wird in einen riesigen weißen Musik-Wanst umgewandelt.

Dies heißt auch, dass der Retromodus in der Musik endgültig ubiquitär geworden ist. Zwar hat es im Pop, angelehnt an die Mode, von Anfang an Retrotendenzen gegeben, aber eine Zeit lang, laut Fisher bis in die 1990er Jahre hinein, sei es möglich gewesen, »Retro« von sog. zeitgenössischer Musik, die die Stimmungen einer Periode einfängt, abzugrenzen. Heute würden alle Retrostile als zeitgenössisch verkauft, gerade weil es keine wirklich zeitgenössischen Alternativen dazu gebe. Das sei wahrlich gespenstisch. Der Retromodus sei damit zum Standard geworden, i. e. Stile, Moden und Objekte, die Retro seien, würden als zeitgemäße Produkte verkauft, gerade weil die wirkliche Innovation im Jetzt nicht mehr stattfände. Wenn alles Retro sei, sei es einerseits sinnlos, bestimmte Phänomene noch als Retro zu bezeichnen, andererseits sei auch nichts mehr Retro. Die Zeit würde weiß. (Ebd.: 2015)

Letztendlich findet damit aber auch immer die Insistenz auf das Zeitgenössische statt, womit die Gegenwart als ewig ausgedehnt erscheint oder sich dehnt wie niemals zerlaufender Käse. Das Zeitgenössische gerinnt zu einer Zeit, die Gegenwart, Vergangenheit und Zukunft okkupiert. Mit der Zeit ist es dann wie mit allen Transit-Orten – Einkaufszentren, Flughäfen, Museen und Sportarenen: Sie ist in all ihren Dimensionen (Vergangenheit-Gegenwart-Zukunft) völlig austauschbar geworden, ganz egal, in welchem Jahr wir uns gerade befinden. Indem sie austauschbar ist, ist sie auch standardisiert. »Auf der Höhe der Zeit zu sein« war schon eine Beleidigung für Nietzsche, der zu Beginn seines Essays *Vom Nutzen und Nachteil der Historie für das Leben* stolz die Unzeitgemäßheit des Denkens proklamiert, »das heißt gegen die Zeit und dadurch auf die Zeit und hoffentlich zu Gunsten einer kommenden Zeit – zu wirken.« *(Unzeitgemäße Betrachtungen, 1)*. Diese Beleidigung besteht weiter.

Mehr oder weniger resümiert Mark Fisher das, was Frederic Jameson schon lange vor ihm beschrieben hat. Jameson registriert in der postfordistischen Kultur eine Äquivalenz zwischen der beschleunigten Zirkulation der Differenzen auf allen Ebenen der sozialen Aktivitäten, des Designs, der Gebrauchswerte, der Symbole, des Habitus etc., und gleichzeitig deren beispiellose Standardisierung und Funktionalisierung – Jameson schreibt: »Aber dann dämmert es uns, dass keine Gesellschaft jemals so standardisiert war, wie es diese ist, und dass der Strom von menschlicher, sozialer und historischer Zeitlichkeit noch niemals so homogen war« (Jameson 1998: 57 f.). Die homogene Zeit kriecht voran, und zwar nicht mittels der kruden »nackten Wiederholung«, die immer nur dasselbe wiederholt, sondern gerade mittels der von Deleuze oft erwähnten »bekleideten Wiederholung« von Differenzen, die im Zuge der Wiederholung der Variation die Bedingung ihrer eigenen Wiederholung interiorisiert; i. e. »bekleidete Wiederholung« ist die Interiorität des Werts als Differenz in sich selbst. Sie wird von einer seltsam stratifizierenden

Kraft dominiert – eine scheinbar mit bunten Inhalten gefüllten Zeit, die jedoch der Kapitalisierung unterworfen bleibt. Es zirkuliert permanent der Schein radikaler Neuheit, während man in Wirklichkeit bewahrt.

Man müsste nun von so etwas wie einer Versität (Gleichmachung) sprechen, einer Inversion und Mutation der Diversität. Sie meint nicht die Eliminierung von Differenz bzw. der sozial-kulturellen Differenzierung, ganz im Gegenteil benutzt Versität die Differenz als ihr reales Substrat, um bestimmte standardisierte Organisationssysteme zu generieren. Ständig werden neue Ordnungssysteme und Machttechnologien generiert, welche die Differenzen absorbieren oder modulieren. (Die Aktivitäten der gegenseitigen Beeinflussungen der jeweiligen Netzknoten lassen sich mit Diffusions-Reaktionsgleichungen beschreiben und dies führt zur Erkennbarkeit von Muster- und Clusterbildungen, bspw. von Krankheitsherden und -verläufen. Es ist auch leicht nachzuvollziehen, dass sich mit Hilfe der Graphentheorie bestimmte Parameter wie Dichte, Relation und Relata von ökonomischen Größen im Kontext der monetären Transaktionen an den Finanzmärkten abbilden bzw. illustrieren lassen. Dabei schaffen die algorithmischen Infrastrukturen bestimmte Bedingungen für die Normalisierung und Standardisierung der jeweiligen Kommunikationen und Transaktionen. Biopolitische Verfahren der Kontrolle werden qua »Big Data« präventiv eingesetzt, so z. B. über die Auswertung der Daten bei Twitter und Google, um daraufhin epistemologische Netzwerke aufzubauen, die der staatlichen Biopolitik im globalen Kontext zur Früherkennung von Aufständen und Epidemien aller Art dienen können.)

Hier wäre natürlich sofort Adorno zur Stelle, wenn er zur Kulturindustrie schreibt: »Der Ausdruck Industrie ist dabei nicht wörtlich zu nehmen. Er bezieht sich auf die Standardisierung der Sache selbst – etwa die jedem

Kinobesucher geläufige der Western – und auf die Rationalisierung der Verbreitungstechniken, nicht aber streng auf den Produktionsvorgang« (Adorno 1963: 339). Die Rationalisierung der künstlerischen Verfahrenstechniken, man denke etwa an das wohltemperierte Klavier, geht für Adorno sukzessive mit der Verwandlung der Kunstwerke, von Objekten, die eine Aura umhüllt, in standardisierte Waren einher. Eine bestimmte technische Behandlung des künstlerischen Materials führt laut Adorno zur seriellen Produktion von Standardwaren, die je nach Medium auf ein überschaubares Ensemble von Signalen zusammengeschrumpft sind. Adorno fasst zusammen: Kultur heute schlägt alles mit Ähnlichkeit. Film, Radio, Magazine machen ein System aus. Die Aussage erinnert zwar an bloße Ökonomie, jedoch will Adorno dies nicht als krude Determinationskraft verstanden wissen, vielmehr ist für ihn die Kultur ein System, insofern sich die Ökonomie in der Kultur als ihrem Gegenteil realisiert. (Verbreitungstechniken sind für Eshun die Nervensysteme des 21. Jahrhunderts und er sieht sie im Gegensatz zu Adorno positiv – im Rave, im Club und bei der Party. Als Matrizen des futurhythmischen Diskontinuums sind sie heute jedoch eher den Modi der Finance adäquat.)

Solch eine Kritik an der standardisierten Kulturindustrie und ihren Waren muss sich immer mit dem Vorwurf auseinandersetzen, sich nur moralisch darüber zu entrüsten, dass das Kapital ein Produkt mit einem Preis versieht und es damit schon standardisiert hat, noch bevor der Gebrauchswert qua Design standardisiert wird. Der naive Einspruch gegen eine derartige Realität, die man zumeist als Warengesellschaft tituliert, wird so vorgetragen, als sollte es irgendwie gerade diese standardisierte Realität verbieten, aus dem Gebrauchswert eine Ware zu machen. Angeödet von derlei Realität und gerade deshalb so einverstanden, hat man als Kritiker vergessen, dass es überhaupt nicht darauf ankommt, dem Zeitgemäßen vorzuwerfen, dass es zeitgemäß ist, keinen Geschmack zu besitzen, sondern dass man die Kraft zum Unzeitgemäßen herauszufordern hat, die nur eine Kraft des Denkens sein kann. Oder nehmen wir den Geschmack. Darauf rekurriert das Künstler-Subjekt gerne, es lässt, wie Adorno sagt, in seiner Idiosynkrasie vom Geschmack sich leiten. Aber auch der Geschmack wird längst durch die Remixing- und Samplingmaschinen des Kapitals gedreht, er wird überkapitalisiert, überästhetisiert, übermedikamentiert, mit Marken und Kunst überhäuft, er wird weiß (das hat rein gar nichts mit dem Faden des Tao zu tun) – oder wahlweise wird er im Zuge verklemmter Sparprogramme auf den Ein-Euro-Geschmack reduziert. Was, wenn das Kapital selbst noch das Remixing übernimmt und musikalische wie finanzielle Objekte in multiplen Dimensionen behandelt?

Der Konsument, soweit er dazu finanziell in der Lage ist, will heute nicht nur sein Bedürfnis befriedigt, sondern auch seinen Wunsch verführt wissen, und er will sein Selbstmodell durch den Konsum im Sinne der Produktion eines Mehr (an Konsum) verändert wissen. Der moderne Konsument ist der Produzent eines reflexiven Konsums, er konsumiert nicht nur den Konsum, als Dienstleistender konsumiert er auch die Arbeit, als Bürger ist er untoter Konsument. Der Wunsch wird dabei weniger befriedigt, als dass er permanent angestachelt wird, um sich an den Zerebralkonsum zu heften, der entweder das Konsumieren konsumiert oder sich an Waren heftet, die mit Visiotypen und Narrativen derart aufgeladen sind, dass sie ein Phantombild konstruieren. Produkte (selbst die der Musik) sind heute weniger Dinge als Phantombilder. Und so stellt sich für den Konsumenten die Frage, ob er mit Coca Cola oder Pepsi Cola den Geschmack der Freiheit trinkt oder wie er die Freiheit mit dem Konsum von Red Bull forciert.

Das Branding involviert die Produktion eines emotional-kognitiven Mehrgenusses, der mit der Etablierung der Markenware an Narrative wie Freiheit, Ordnung, Abenteuer oder Lifestyle gebunden ist und permanent gereizt wird. Dafür benötigt die Ware nach wie vor ein symbolisches Äquivalent, das Geld, um zu zirkulieren. Nur wenn das Geld bedeutungsoffen ist, kann es als leere Verweisungsstruktur fungieren, als ein sog. medialer Transporter, der die Waren und ihre Zeichen und Narrative unaufhörlich zirkulieren lässt. Baudrillard hat seine Theorie der Virtualität an die Zirkulation von Zeichen gebunden, die in der Zirkulation nur noch auf sich selbst verweisen und deren Bedeutung oder Wert ein reiner Simulationseffekt ist. Allerdings ist Baudrillards These, dass Bedeutung und Realität im Zeichen implodieren, nicht zuzustimmen, denn selbst noch die Bits als Zeichen müssen bedeuten, aber was sie bedeuten, ist eben gleichgültig.

Die Gegenwart ist dermaßen gesättigt mit dem Retro, dass wir die reine Vergangenheit, die immer da ist, nicht mehr wahrnehmen. Es ist diese Verflachung der Zeit, die dazu führt, dass wir auch keine Vorstellung mehr von einer Zukunft haben, die anders sein könnte als unsere Gegenwart. Schließlich verharren wir im Präsens, das die Relationen zu anderen zeitlichen Dimensionen abschneidet und alles im Jetzt verschaltet. Gegenwart wird fundiert wie sie im selben Moment verschwindet, und es bleibt die bloße Kontinuität des Präsens, der infinite Fluss der Aktualität und die (digitale) Automatik des Jetzt. In diesen Ordnungen der Gleichwertigkeit und Gleichgültigkeit der Zeit wird das Einzigartige bzw. Singuläre, das heißt das Unzeitgemäße, ausgeschlossen. Der entsprechende Raum gleicht der Eindimensionalität einer weißen Fläche. Was jetzt zählt, ist vor allem die Position in einem Netzwerk. Die so zusammen gezurrte Gegenwart bringt Erschöpfung und Hyper-Aktivität zugleich hervor und wird in Transit-Räumen verlebt.

Kraftwerk ist vielleicht immer noch die adäquate, das heißt die transparente Musik für die Transit-Orte. Selbst die Schwarzen sagen bis heute, dass die Technologie, wie sie von Kraftwerk zum Klingen gebracht wurde, die Farbe aus der Musik genommen und sie transparent gemacht habe. Nicht zufällig spricht Eshun hier von weißem Synthesizer-Soul, von der Ultraweißheit einer automatischen, sequentialisierten Zukunft. (Eshun 1999: 119) Und es war industrielle Volksmusik, wie Kraftwerk selbst sagten, nur, das Volk fehlt bis heute. Eine Möglichkeit des Widerstands bestünde nun darin, das Automatische weiter zu übertreiben und zu beschleunigen, indem man sich von der Technologie selbst synthetisieren lässt, sich ganz der Entfremdung aussetzt, sich bspw. die kalten Streichersounds von Derrick May auf die Haut prasseln lässt, ohne selbst der Coolness zu frönen. Ja, sagt Eshun, diese futuristische Musik wehrt sich gegen die Ubiquität des Präsens, sie kommt ganz aus der Zukunft. Aber gewissermaßen befindet sich Eshun doch selbst noch im industriellen Zeitalter. Techno ist deshalb auch der Sound des Untergangs der Industriestadt namens Detroit.

Ja, sagen heute die Theoretiker des »Postcontemporary«, die Zeit kommt heute ganz aus der Zukunft oder zumindest gibt es qua Finance eine Art antizipatorischer Deduktion der Zukunft, die von der Gegenwart ausgeht und auf sie zurückwirkt. Die Kapitalisierung qua Derivate diskontiert indeed den zukünftigen Preis eines Assets, um in Zukunft Renditen im Verhältnis zu gegenwärtigen und kommenden aktuellen Marktpreisen zu erzielen. Derivate gestatten damit die kontraperformativ-zeitbindende Gestaltung der Gegenwart und der Zukunft, wobei die spezifische Verschiebung der Gegenwart in die Zukunft qua Derivat die Aktualität der Gegenwart daran hindert, klar von der Inaktualität der Zukunft getrennt zu sein. Somit lässt sich die spezifische Zeitbindung der Derivate als Relation zwischen einer entzogenen Gegenwart und einer gesplitteten Zukunft verstehen, die jedoch beide aktualisiert werden müssen und doch zugleich inaktuell bleiben (insofern bestimmte Möglichkeiten eben nicht aktualisiert werden). Das Derivat wird als ein Preis in der Zukunft, die natürlich erst noch stattfinden muss, antizipiert, indem man den Preis kalkuliert oder auf aktuelle Werte diskontiert, und genau damit wird die kontingente Zukunft genutzt, um Renditen jetzt schon zu erzielen. Diese Art der Zukunftsbewirtschaftung wirkt auf die Gegenwart zurück, die nun selbst gespalten ist, nicht mehr diejenige ist, von der man die Kalkulation gestartet hat. Um es für die Akteure herunterzurechnen: ihr Handeln hat nun die Zukunft als Bedingung des Handelns miteinzubeziehen, und damit wird das Handeln selbst modifiziert. Es besteht hier, wie Bahr richtig sagt, ein virtuell antizipierter Mangel bzw. die Vorstellung, dass bspw. das eigene Unternehmen ohne Innovation und deren Realisierung in der Produktion in Zukunft einfach vom Markt verschwinden werde, womit man jetzt schon handeln müsse. (Bahr 1983: 139) Auch hier ist das spekulative Moment schon gesetzt. Um es kurz zu sagen, der erwartete Gewinn erzeugt die Mittel, mit denen man ihn erzeugt. Dabei kann die Differenz zwischen der erwarteten Zukunft und der Zukunft, die real eintritt, nicht aufgehoben, sie kann nur bewirtschaftet werden. Die Zeit kommt nicht in toto aus der Zukunft, vielmehr bleibt die reale Zukunft abgeschlossen. Und für die Finance geht es nicht nur um die Prognostik der Zukunft, sondern auch um die Disziplinierung der Gegenwart.

## NICHT-MUSIKOLOGIE (ZWEITE GENERALISIERUNG DER EINWÜRFE)

Laruelle würde Deleuze & Guattaris Art und Weise die Musik zu behandeln, nämlich als das Einfangen von Affekten und Perzepten, wohl ablehnen, um stattdessen eine autonome theoretische Ordnung der Nicht-Musik einzufordern, die einem nicht-wissenschaftlichen Denken gemäß der radikalen Immanenz des Realen entspricht. Das Reale ist weder als Sein noch als Seiendes zu verstehen, es sollte auch nicht mit Existenz gleichgesetzt werden. Vielmehr ist das Reale das Resultat einer transzendentalen Setzung, es ist gegeben-ohne-Gegebenheit und zugleich als negative Möglichkeit definiert, die für jede »Greifbarkeit« von Objekten *und* für die Rigorosität des Denkens selbst steht. (Laruelle 2015: 23) Das Reale bleibt indifferent gegenüber jeder Spiegelung in der Wissenschaft oder in der Kunst, muss aber dennoch gedacht werden, jedoch eben nicht im Kontext von Wahrheit oder Widerspiegelung. Und daraus ergibt sich, dass für Laruelle die Nicht-Philosophie genau dann frei ist, wenn sie als Theorie ihrer selbst existiert, das heißt, wenn sie zur gleichen Zeit determiniert und sich selbst determinierend ist. Eine Theorie wird hingegen als begrenzt bezeichnet, wenn sie, um zu existieren und zu operieren, durch ein andere Theorie determiniert wird. Die Nicht-Philosophie existiert nicht bezüglich ihrer Position zur Philosophie – sie ist nicht zwischen der philosophischen Ebene und dem Chaos da draußen angesiedelt und sie fordert kein »Nein« zur Philosophie. Vielmehr wird sie durch ihre eigene Struktur determiniert und benutzt die Philosophie als ihr Material.

Laruelles Konzept der Superposition (Superposition besagt, dass eine dritte Welle zu zwei Wellen so hinzugefügt wird, sodass sämtliche Wellen von derselben Natur bleiben). negiert zwei Spielarten des sonischen Denkens, um es als Nicht-Repräsentation (eher sonisch als über den

Sound zu denken) zu entwickeln, indem es die Inkommensurabilität der Abgeschlossenheit des Sounds (hermetisch gegenüber anderem Material, Theorien) beachtet, sowie die Inkommensurabilität des Austauschs von Sound mit dem Denken bedenkt – Sound, der nun porös genug ist, heterogene Assemblagen zuzulassen, ohne sie selbst einzuführen. Während die Abgeschlossenheit die Repräsentation als ein Denken über den Sound inkludiert, tendiert der permanente Austausch zwischen Sound und Denken zu einer Konfusion, weil er ständig Denken und Musik/Sound konvertiert oder gar fusioniert. Diese Konfusion reflektiert den Glauben der elektronischen Musik in ihrer ersten Periode (Russolo bis Schaeffer und musique concrète), alles in der Welt sei musikalisch, was man mit Laruelle als das Prinzip der musikalischen Suffizienz bezeichnen könnte.

Nicht-Musikologie startet auf dieser Ebene mit der Reduktion der Musik und der Musikwissenschaft auf reines Material, um radikal mit der Idee zu brechen, dass alles in der Welt musikalisch sei. Nicht-Musikologie beschäftigt sich an dieser Stelle sowohl mit der Musikwissenschaft als auch mit der Musik, die wiederum in Bezug zur Wissenschaft steht (Xenakis' Gebrauch von stochastischen Prozessen). Nicht-Musikologie fordert keineswegs eine neue Musikologie, sondern eine generische Wissenschaft der Musik, oder, um es anders zu sagen, keine Wissenschaft, sondern eher eine Häresie oder eine Fiktion im Angesicht der Musik.

Musik-Fiktion ist radikale Objektivität ohne Repräsentation oder Intention und beinhaltet weder Imitation noch Spurensuche. Vielmehr strebt sie eine Nicht-Welt an, die aber durchaus real ist, weil die Musik-Fiktion immer auf Materialität bezogen bleibt. Diese Musik-Fiktion präsentiert keine Anti-Musik, sondern fordert die Mutation der traditionellen Vorstellungen und Theorien über Musik.

Sie strebt nicht dem Ziel zu, die Musik zu zerstören, vielmehr widersetzt sie sich zunächst dem Prinzip der musikalischen Suffizienz, dem Glauben, dass alles musikalisch sei. Das Programm der Nicht-Musikologie nutzt sogar den Gebrauch der Musikologie, um Alien-Theorien zu konstruieren, die gegenüber dem Prinzip der musikalischen Suffizienz nicht verschuldet bleiben. Sonisches Denken oder Non-Musikologie komponiert die Theorie als ihr eigenes Objekt, schreibt eine autonome Musik-Fiktion. Sie beherzigt Virilios Statement: »Wissenschaft und Technik entwickeln das Unbekannte, nicht das Wissen. Wissenschaft entwickelt, was nicht rational ist. Das bedeutet: Fiction« (Virilio zitiert nach Eshun 1999: 034). Fiktion impliziert Performance, Erfindung, Artefakt und Konstruktion, aber dies in einem nicht-expressiven und nicht-repräsentationalen Sinn, sondern als Immanenz. Letztendlich muss solch eine Wissenschaft auch die Vivisektion des Lebens unterlassen, nicht aber um den Anschluss der Produktion des Sounds an das sensorische Engineering zu verlangen, das, wie Eshun (Eshun 1999: 213) fordert, zu einer Intensivierung der Sensationen führt, sondern um als Musik-Fiktion *und* »Musik« einen direkten Weg zum Realen zu finden, das weiterhin abgeschlossen bleibt.

Während Kodow Eshun mit seiner Breakbeat-Science einen phänomenologischen Zugang zur Musik sucht, fordert Laruelle analog zum Foto, das als eine Nicht-Welt der reinen Auto-Impression vorgestellt wird und ein radikales Sein-im-Photo verlangt, ein radikales Sein-in-der-Musik. Damit bleibt sowohl die Musik-Fiktion als auch die geforderte Musik radikal immanent in sich selbst. Beides sollte man als Objektivität ohne Repräsentation bzw. als radikale Objektivität (bezüglich des Realen) verstehen. Und dies erfordert kein Denken über den Sound als sonische Philosophie, sondern eine abstrakte Theorie des Sounds, eine radikal abstrakte ästhetische Theorie, die nicht-weltlich und nicht-perzeptuell ist und sich am immanenten Charakter der Musik als solcher orientiert. Folgt man Laruelle, dann beinhaltet die radikale Objektivität generell keine Entfremdung, sondern ist so horizontal, dass sie alle Intentionalität verliert; sie ist ein Denken, so blind, dass es perfekt klar in sich selbst sehen kann. Zugleich fordert sie eine Musik, die nicht länger Imitation, Spur, Emanation oder Repräsentation dessen ist, was ausgedrückt wird.

Theoretiker und Musiker tauschen sich auch nicht aus oder reflektieren einander, sondern sie verlieren ihre Distanz genau dann, wenn sie einen direkten Sinn für das Reale herstellen. Der Theoretiker, der Musik-Fiktion schreibt, ist kein Übersetzer oder Chronist der Musik. In gewisser Weise muss der Theoretiker, will er selbst in der Immanenz bleiben, zum Klon einer suspendierten oder nicht-mimetischen Beziehung zwischen Musik und Theorie werden. Es gibt hier keinen Austausch, keine Reversibilität und keine Äquivalenz zwischen der Theorie und der Musik zu vermelden, keine Synthesis im Hegelschen Sinn, die zu einer gegenseitigen Begegnung und zu ihrer Elimination und damit zu einer höheren Form führt. Es gibt stattdessen die Irreduzibilität der Theorie und des Musikalischen zu vermelden; beide werden irreversibel. Austausch, Korrespondenz, Spur und Supplementarität werden vermieden. Was Kodwo Eshun so meisterhaft vorführt, Theorie als Musik, der eine Musik als Theorie entsprechen soll, das wird gerade vermieden. Eine strikte Beziehung zwischen Theorie und Musik besteht nur insofern, als beide Elemente einander überlagern und zugleich irreduzibel aufeinander sind. Laruelle nennt dies »irreduzible Dualität«.

Das theoretische Phänomen repräsentiert at once ein musikalisches Phänomen. Es gilt, einen Kurzschluss zwischen dem Produzenten, der Musik kreiert, und dem

Theoretiker/Konsumenten, der erfährt und interpretiert, herzustellen. Der Theoretiker signifiziert oder repräsentiert keine Wahrheit, die in der Musik ist, obgleich es eine Zirkulation der Interpretation geben kann, in der die Theorie die Musik und die Musik die Theorie interpretiert. Dies ist Teil der musikalisch-theoretischen Differenz, die in der Spannung der Kräfte zugleich musikalisch und theoretisch ist. Die Wahrheit ist nicht in der Musik oder in der Theorie, vielmehr wird die Wahrheit der Musik durch den Abzug der Wahrheit (der Theorie) hergestellt.

Der nicht-musikalische Aspekt aller Musik beinhaltet die a-synthetische Relation zwischen zwei Dingen, eine Relation ohne Synthesis. Die Ästhetik Laruelles basiert auf einer unilateralen Logik, bei der zwei Terme nicht unter einen dritten Term subsumiert werden, sondern unter den einen Term. Zwei Terme und ihre Relation sind dem einen Term immanent; der zweite Term ist der unilaterale Klon des Einen, der das Reale ist. Diese Figur enthält ein neues Konzept der Relation, das weder dialektisch noch differenziell ist, eine Relation, die nicht digital ist.

Laruelle spricht heute von der Nicht-Standard-Methode bzw. der immanenten Fiktion, die Invention, Konstruktion und Performance inkludiert, und zwar als nicht-repräsentative und nicht-expressive Methode, die das abstrakte Denken für eine Nicht-Ästhetik benutzt und rein gar nichts von einer Parallelisierung von Philosophie und Kunst hält. Das abstrakte Denken generiert eine fraktale, tiefenlose, nicht-objektivierende Objektivität, die ein konkreter Modus der Abstraktion ist. Was Laruelle zum Fraktalen des Fotos sagt, kann auch auf radikale Computermusik angewendet werden. Wie das Foto manifestieren die objektorientierten Programmiersprachen wie »Max/MSP« oder »SuperCollider« eine nicht-spiegelnde Manifestation der Identität, die nichts mit irgendwelchen immersiven Eigenschaften des Sounds zu tun hat und die zudem auf eine prä-analoge Ähnlichkeit verweist, die nichts ähnelt und ohne Referenz zur Welt ist. Dieser irreflexive und automatische Prozess beinhaltet die fraktale Proliferation von Modellen ohne Spiegel oder eine immanente Computerisierung. Dafür reduziert die Nicht-Musikologie Wissenschaft, Philosophie und Musik auf reines Material, das sie sampelt.

Musik ist heute bereits selbst stark konzeptualisiert. Eshun entwickelt sein eigenes Musik-Design, indem er sich einer konzeptionellen Alien-Musik zuwendet, die aus der Zukunft kommt und ein synthetischer Rekombinator ist, der beim Hörer die Entfremdung, den Grad der Fremdheit und der Befremdlichkeit steigert. (Eshun 1999: 006) Alien-Musik bringt eine a-humane oder inhumane Musik, die mit einem Berührungs-High für die Grausamkeit prozessiert (ebd.: 053). Eshuns Technowissenschaft will Mythoswissenschaft sein, eine Mannigfaltigkeit aufblühender mixologischer Mathemagie. Sie verlangt nach dem Gedankensynthesizer, der als Design, Herstellung, Erfindung, Cutting, Pasting und Editing eines künstlichen Diskontinuums funktioniert, als eine Futurrhythmaschine (ebd.: 004), deren Alien-Diskontinuum durch Brüche, Lücken und Intervalle kriecht und anti-genealogisch ist. Sie ist Katastrophenwissenschaft als ein Akt, der die formalen Strukturen von Raum und Zeit zerlegt. In der Mimikry dieser Wissenschaft an die elektronische Musik kollabieren sowohl in der Wissenschaft als auch in der Musik die formalen Strukturen der Zeit, regredieren zu Schlamm, und der Raum wird hin und hergeschoben, bis er sich krümmt, um von den Pulsationen der Alien-Musik zertrampelt zu werden, während der Kopfraum seekrank wird. Alien-Theorie arbeitet die Technologie bzw. die abstrakte Apparatur aus, um eine andere Maschinenmusik zu forcieren. Dabei fungiert der Synthesizer als Schaltkreis bzw. als Wechselstromgenerator zwischen Produzent,

Zuhörer und Track. Der Moog-Synthesizer ist ein Verstärker, der Ströme ein- und ausführt – einerseits auf der materiellen Ebene, andererseits als Technowissenschaft. Schon Xenakis spicht vom Synthesizer als dem Beschleuniger von Schallpartikeln, einem Desintegrator von Schallmaterie (ebd.: 095) und artifiziellem Ton, der sich von der Natur gelöst hat, um keinerlei Subjektivität mehr zum Ausdruck zu bringen, vielmehr das »objektive« Weltgeräusch und die »Klangmassé«, die nicht aus dem Herzen quillt, einzufangen, wenn sie vom Außen auf uns zu kommt, wie der Fall des Regens oder die Stimme des Windes.

Politische Musik ist eine Musik ohne Worte (im doppelten Sinn). Sie orientiert sich nicht an der Welt (sie hat kein Objekt in der Welt, das sie einfängt), noch ist sie eine Frage der Perzeption. Politische Musik indiziert eine Nicht-Welt der puren Auto-Impression. Sie ist radikal schwarz.

Was Laruelle als immanent oder realistisch bezeichnet hat, lässt sich auf das Schwarz folgendermaßen beziehen: Das Licht und der Wechsel von dunkel und hell sind zentral für das klassische Modell der Philosophie. Ein reines Schwarz oder ein reines Hell produziert hingegen eine Krypto- oder eine Nicht-Standard-Utopie, die Laruelle »Uchromia« oder nicht-farbig nennt. (Vgl. Galloway 2014: 145) (Das Black Atlantic von Sun Ra kann nicht erkannt werden, weder als schwarz noch als Musik.) Die Ästhetik, die ohne Repräsentation auskommt und schwarz ist, beinhaltet die Superposition von Theorie und Musik und führt zu einer suspendierten oder nicht-kommunikativen Relation.

»Unser Uchromia: Aus der Perspektive des Schwarzen zu denken lernen, das ist es, was die Farbe in der letzten Instanz eher determiniert als limitiert« (Laruelle zitiert nach Galloway 2014: 146). Die Farbe hat immer eine Position, eine Haltung. Das Spektrum der Farben beinhaltet ein komplexes Feld der Differenzen; die primären Farben behalten dabei ihre determinierenden Positionen, während andere Farben sich als Kontraste gegenseitig komplementieren. Die Stellung der Farbe regiert das Kontinuum des Lichts und der Dunkelheit, insofern die Farbe in eine leuchtende, übersättigte Sichtbarkeit führt oder in der sonnenlosen Finsternis verschwindet. Nur in Bezug auf das Schwarz als kruptos (Kryptogrammaton), das gegenüber dem Sein abgeschlossen ist, lässt sich verstehen, was Laruelle unter dem schwarzen Universum versteht.

Nur durch die Subtraktion vom System des Lichts und dem der Farbe kann man das generisch Reale der Schwarzheit sehen. Galloway verweist an dieser Stelle auf die Verfassung von Haiti aus dem Jahr 1804, in der festgehalten werde, das unabhängig von ihrer Hautfarbe alle Bürger schwarz genannt werden. Diese reine Schwarzheit, solch ein Kataklysmos der menschlichen Farbe, setzt die Farbe außer Kraft und verneint die endlose Dynamik des Schwarz als Weiß oder Weiß als Schwarz. Schwarz verweist nicht länger auf den limitierenden Fall, bezieht sich nicht länger auf die Sklaverei, auf die Armen oder den verschuldeten Arbeiter. (Galloway 2015: 145) Schwarz ist die Bedingung für ein neues Uchromia, eine neue Utopie des Farbigen, die auf dem generischen schwarzen Universum basiert. Es geht um eine neue Form der schwarzen Gerechtigkeit, die unilateral durch das Reale, aber niemals durch eine weltliche Realität determiniert wird. Wenn du deine Augen nur ein bisschen öffnest, wirst du weiß sehen, aber wenn du sie ganz öffnest, wirst du schwarz sehen. Wir sind diese Nacht. (Ebd.)

Und was heißt dies für die Musik? Radikale Musik gleicht einer Art von Blackbox; sie ist eine Musikbox der und für die Blackness, und der Theoretiker und der Konsument der Musik nehmen selbst einen Platz in der Blackbox ein und tretten nicht von außen an die Box heran. Es gibt eine nicht-musikalische Triangularität zu vermelden: Der (multiple) Produzent, der die Tranversalität des Schwarzen zum Klingen bringt; die schwarze Musikbox als ein unendliches Klingen des Nichtfassbaren/Schwarzen; der Konsument, der Teile aus dem Unendlichen der schwarzen Musikbox heraus hört. Die Unermesslichkeit dieser Triangularität ist wiederum Teil der Grenzenlosigkeit der Musik. In diesem Sinn ist das Schwarz der Musik die Basis für das Ultraschwarz. Produzent und Hörer teilen die Unvollkommenheit, die nur das Schwarz beglaubigen kann. Weder kann der Produzent davon ausgehen, dass seine Aktivität je beendet ist, noch kann der Hörer davon ausgehen, dass er je aufhört, Fragmente aus der Musik herauszureißen. Ultrablackness verweist dann darauf, weiterzumachen, die Suche jenseits des Schwarzen nie aufzugeben, das Ultraschwarze des Schwarzen suchen – während die schwarze Musikbox hyper-spielt und/oder still ist. (Vgl. dazu Badiou 2016: 42 f.)

Anstatt gemäß den Vorstellungen der Phänomenologie in der Welt zu sein (auch Eshun verbleibt darin, auch wenn es die Welt von Black Atlantic ist), geht es um das Sein-in-Musik. Indem die Musik radikal immanent zu sich selbst prozessiert, wird sie politisch. Als solche ist sie erst fähig, sich im und mit dem Außen zu treffen (nicht zu verbinden).

Heute scheinen jedoch alle Fluchtmöglichkeiten verschlossen zu sein. Die Flucht scheint zumindest trostlos zu sein. Sie muss aber nicht trostlos sein, selbst wenn sie negativ ist, denn sie ist niemals aufregender, als wenn sie sich in den Straßen ausbreitet, wo das Vertrauen in die Erscheinungen und Worte, das Vertrauen in diese Welt in eine mobile Zone der Unwahrnehmbarkeit zerfallen. (Vgl. Culp 2016) In diesen Momenten der Opazität, der Insuffizienz und des Zusammenbruchs bedroht die Dunkelheit am stärksten die Beziehungen, die uns heute noch an diese Welt binden. Was aber beinhaltet die Politik der Flucht, was sind die Taktiken der Unwahrnehmbarkeit und der Opazität, die unabhängig von den Kräften und Relationen des Kapitals erscheinen und nützlich für die Zerstörung dieser Welt sind? Die Zonen der Unwahrnehmbarkeit und der Opazität sind weniger Features der Realität, die in jeder Situation angewandt werden können, sondern sie sind Instrumente, die dazu da sind, diese Welt zu bekämpfen. Gerade in dieser Situation finden wir uns ermächtigt, uns mit den täglichen Rhythmen des Kapitals, die zum Teil auch die seiner Musik sind, und den Apparaten des Staates zu konfrontieren. Die Straße aufzugeben, weil sie der Gnade der Militärs ausgeliefert ist, und sie durch den Club oder den Rave ersetzen zu wollen, wie Eshun das fordert, heißt, den Aufstand zu simulieren, die cyberaktiven Kriegsmaschinen von Underground Resistance oder Public Enemy nur zu genießen, während die logistische Cyberinfrastruktur des Kapitals und ihre Unterbrechung kein Thema ist. Zwar wird die Kommunikation unterbrochen oder derealisiert, wenn sonische Formen die Macht angreifen oder gar die Programmierer deprogrammieren, aber führt nicht gerade die gegenseitige Speisung von Sound und Sonic Fiction zu Labelfiktionen, die inzwischen entweder untergegangen sind oder sich heute in den Spielhöllen der Unterhaltúngsindustrie suhlen?

Andrew Culp führt in seinem Buch *Dark Deleuze* die Konspiration ein, welche von der Negativität angetrieben wird. Die Aufgabe besteht darin, mit Hilfe der Negation »Nein« zu denjenigen zu sagen, die uns erzählen, man habe Welt so hinzunehmen, wie sie ist. Der entscheidende Schritt ist hier die Konstruktion des exklusiven Gegenteils. Underground Resistance sagen irgendwo, Verschwinden sei unsere Zukunft, und nach Eshun sollte damit die Black Power von UR unsichtbar sein, nicht identifizierbar, verborgen, unkenntlich und nicht öffentlich.

Aber auch hier lauern Gefahren: Während das Nervensystem des Menschen durch die neuen Technologien der Kommunikation im 20. Jahrhundert erweitert wurde, haben wir es in der zeitgenössischen Epoche des Kapitalismus mit einem neuen, verkabelten Nervensystem zu tun, das durch den Spirit der technologischen Innovation als unserem elektronischen Exo-Skelett permanent gereizt wird. Es gibt drei Tendenzen der Software Culture zu vermelden – Unsichtbarkeit, Miniaturisierung und Interface. Wenn die Geschenke des Geistes der neuen Technologien auf die Haut der globalen Kultur tätowiert werden, dann wird zugleich das Objekt dieser Geschenke, das menschliche Subjekt, durch stille und weitgehend sichtbare Software Codes immer wieder neu geschrieben, um zu einem zunehmend bedeutungsloseren Part in den Netzwerken der Technokultur zu werden, einem Interface zwischen den Maschinen der Produktion und der Werbung, eine Miniatur bezüglich seiner politischen Macht im Angesicht der Techniken der Überwachung, der Datenbanken, der Automation und der Dissemination.

**RAF RAF RAF**

Eine der zentralen Fragen der ästhetischen Theorie Adornos lautet, ob es ästhetische Kategorien geben kann, die politisch sind, ohne sie auf die Funktion eines bloßen Mittels zur politischen Praxis zu degradieren. Adorno findet sie in den deformierten Gestaltungen von Kunstwerken, die weder den Sinnen frönen noch zur Melancholie verleiten, insofern sie als ein Ausdruck der Abweichung von der bestehenden Normalität zu verstehen sind. Adorno spricht an dieser Stelle von der »Kommunikativität des Unkommunikativen« (Adorno 2007: 292). Deleuze geht einen Schritt weiter und spricht von den »(leeren) Zwischenräumen der Nicht-Kommunikation« (Deleuze 2014: 252), und Laruelle schwärmt von einem Geheimnis, das keinerlei Kommunikation in Bezug auf das, was es ist, benötigt, um etwa erkannt zu werden oder um ein Objekt der Philosophie oder der Wissenschaften zu sein, während die Kommunikation umgekehrt immer das Geheimnis benötigt, um sich zu konstituieren. Aber das Geheimnis und das Unsichtbare, exakter: das Unwahrnehmbare, sind niemals interpretierbar. Kommunikation als Information soll laut den Postboten der Philosophie so real sein wie die Wahrheit und ihre Bedeutung. Kommunikation, so schreibt Deleuze, sei heute völlig vom Geld durchdrungen. Eine neue Typologie der Ereignisse müsse hingegen erfunden werden: Ereignisse, die stören und der Kontrolle entgehen, auch wenn sie klein seien oder nur minimal neue Zeit-Räume in der Welt einnähmen.

In diesem Sinne müsste heute jede andere mediale Darstellung der RAF zunächst folgendes Paradox vermeiden: »Je totgesagter, desto virulenter und je mehr ›Neues‹, desto ›historischer‹« (Henschen 2014: 2). Anschließend bemerkt Henschen, dass die RAF als das Ziel ihrer Operationen in erster Linie weder die Vernichtung des Gegners noch den Raumgewinn angestrebt habe, sondern als neue

Besetzung des Denkens eine Form des performativen Sprechens praktiziert habe, die neben dem Denken auch an Affekte und Impulse rühre. Ohne mediale und technische Übertragungsmaschinen sei dies nicht möglich gewesen, womit die RAF und ihre Aktionen als Zeichen- und Medienoperation in Betracht gezogen werden müssten. Die auf Carl Schmitt zurückgehende Freund/Feind-Unterscheidung lässt sich in der Tat aus Gudrun Ensslins Imperativ »Zieht den Trennungsstrich, jede Minute!« herauszulesen. Die Kraft des Negativen, die in der Bestimmung des Feindes liegt, ist immer an eine Kriegsmaschine anzuschließen, die Deleuze/Guattari als eine anti-staatliche Organisationsform von anti-hierarchischen Kräften denken. Dieses Denken konnte die RAF allzu oft nicht in ihre Praxis integrieren.

Die Frage, die sich damals gestellt hat und heute immer noch stellt, ist gerade die, wie sich eine Medialisierung der Geheimhaltung und Konspiration erzielen lässt, die die normalisierenden Kommunikationsstrukturen stört, unterbricht oder unterläuft. Es wäre hinsichtlich des Unterlaufens der Kommunikation die Spaßguerilla zu erwähnen, deren negatives, performatives und situationistisch inspiriertes Konzept mit minoritären positiven Aktionen gewürzt wurde, um eine Art absurden und insuffizienten Effekt durch politische Aktionen, die einem Performance-Akt gleichkommen, zu erzielen.

Henschen erwähnt natürlich auch den Anschlag als physischen Vernichtungsakt, der in einer Korrespondenz zum Anschlag auf die Schreibmaschine, dem Stakkato eines Textproduktionsexzesses, auf den der Mindboom folgt, und zum Anschlag in der Musik, dem Stakkato auf den Klaviertasten, steht. Damit ist die Kriegsmaschine umfassend in Anschlag gebracht. Die Guerilla kämpft als eine Meute von Maschinisten mit technischen Apparaten gegen den maschinell urbanen Maschinenkörper des Kapitals.

Auch Schrift und Musik können Kriegsmaschinen sein. Eine Kriegsmaschine ist in sich selbst »eine reine Form der Äußerlichkeit«, die »nichts erklärt«, aber es gibt eine Menge Geschichten über sie zu erzählen (Deleuze/Guattari 1994: 485, 574). Und Deleuze/Guattari schreiben weiter: »Und man kann sagen, daß jedes mal dann, wenn man sich gegen den Staat wehrt (Undiszipliniertheit, Aufstand, Guerillakrieg oder Revolution), eine Kriegsmaschine wiederbelebt wird …« (ebd.: 532–33). Und sie kommen sogar ins Schwärmen: »Macht das Denken zur Kriegsmaschine«, und weiter: »Das Denken in eine unmittelbare Beziehung mit dem Außen, mit den Kräften des Außen stellen« (ebd.: 518).

Es geht um die virale Kriegsmaschine, die Funken wirft. Die Installation von Andrzej Steinach stellt sich dieser Thematik.

Man hört über einen Kopfhörer ein aufzählendes Benennen, das weniger die einzelnen Mitglieder der RAF bestimmbar macht, sondern auf die soziale Ökonomie der Gruppe anspielt, aber immer auf Eigennameneffekten beharrt, die durch die medialen Darstellungen mystifiziert, verdammt und verwünscht werden. Durch die umfassende Liquidation durch den Staat wird den RAF-Mitgliedern jedes Überleben im Namen und durch den Namen verwehrt. Gleichzeitig werden sie Namen insoweit in Erinnerung gehalten, als sie mit den Namenslosen, die die Geschichte machen, angeblich nichts zu tun haben; die Stigmatisierung von personalisierten Bösewichten als Teil der bürgerlichen Kriegsführung soll jeden Gedanken an ein kämpfendes Kollektiv ausradieren.

Eine weitere Tonspur spult gecuttete und mit Muzak unterlegte Marketing-Sequenzen ab, die sich im Bereich der Redundanz ansiedeln, i. e. Übermittlung und Wiederholung von sanften Befehlen, die sich als neo-buddhistische Ready-Mades maskieren. Die dritte Tonspur dokumentiert eine politische Auseinandersetzung, die aus einer fremden Zeit zu kommen scheint. Sie verweist keineswegs auf die richtige Information, sondern deutet einen Diskurs an, der keine Befehle geben will und sich eher an diejenigen wendet, die nicht das Recht zum Sprechen haben. Die Tonlage des Ton Steine Scherben Schlagzeugers verweist auf Thesen, Anekdoten, Flugblätter und Programme und verlangt nach Wiederaufnahme.

Im Installationsraum beginnen die Informationen, die durch drei Plattenspieler erzeugt werden, zu stottern und zu verfließen, womit sie die Kommunikation unterbrechen, während ihr getrenntes Hören, das über drei Kopfhörer möglich ist, die Botschaft geheim hält. Indem sich die Informationen aneinander reiben, sollen Funken sprühen. Ob es den Installations-Gängern gelingt, einen Funken aufzunehmen oder gar selbst Funken zu versprühen?

Wessen Spiel wird hier gespielt? Will man eine neue RAF an die Spitze eines postmarxistischen Kommandos setzen, das sich vielleicht eines Fernsehsenders für knappe politische Durchsagen bemächtigt? Und wenn schon, dann ein Kommando, das eine umherirrende und wandernde Meute ist, deren Mitglieder namenlos und denen ähnlich sind, deren Leben in der Geschichte niemals in Kunstwerken verewigt wurde und deren Erzählungen man niemals in irgendeinem literarischen Buch finden und deren politische Aussagen man niemals in einem akademischen Journal lesen wird. Eine Meute von Namen- und Gesichtslosen, die die Anonymität, die Unwahrnehmbarkeit und die Nacht nutzen, in der alle, die Widerstand leisten, gleich aussehen.

## LITERATUR


ADORNO, THEODOR W. (1963): *Résumé über Kulturindustrie*, GS 10. Frankfurt/M., 337–345.

– (1966): *Negative Dialektik.* Frankfurt/M.

– (2007): *Ästhetische Theorie.* Frankfurt/M.

ARACAGÖK, ZAFER (2015): *Atopological Trilogy. Deleuze and Guattari.* New York.

BADIOU, ALAN (2016): *Black. The brilliance of a non-color.* Cambridge.

BAHR, HANS-DIETER (1983): *Über den Umgang mit Maschinen.* Tübingen.

BRASSIER, RAY (2007): *»Genre Is Obsolete«* (from Multitudes No. 28, Spring 2007) in: http://toliveandshaveinla.blogspot.de/2007/05/ray-brassier-genre-is-obsolete-from.html

CULP, ANDREW (2017): *Dark Deleuze.* Hamburg.

DELEUZE, GILLES (1992): *Differenz und Wiederholung.* München.

– (2014): *Unterhandlungen.* Frankfurt/M.

DELEUZE, GILLES / GUATTARI, FÉLIX (1974): *Anti-Ödipus. Kapitalismus und Schizophrenie 1.* Frankfurt/M.

– (1992): *Tausend Plateaus. Kapitalismus und Schizophrenie.* Berlin.

– (1996): *Was ist Philosophie?* Frankfurt/M.

ESHUN, KODWO (1999): *Heller als die Sonne: Abenteuer in Sonic Fiction.* Berlin.

FISHER, MARK (2015): *Gespenster meines Lebens. Depression, Hauntology und der Verlust der Zukunft.* Berlin.

FOWLER, JARROD (2015): *»JMF075«.* In: http://www.jarrodfowler.com/JMF075.html (accessed April 30, 2015).

GALLOWAY, ALEXANDER R. (2014): *Laruelle. Against the Digital.* Minnesota.

GOODMAN, STEVE (2009): *Sonic Warfare. Sound, Affect, and the Ecology of Fear.* London.

HEIDENREICH, STEFAN (2016): *Freeportism as Style and Ideology: Post-Internet and Speculative Realism, Part II.* In: http://www.e-flux.com/journal/73/60471/freeportism-as-style-and-ideology-post-internet-and-speculative-realism-part-ii/

HENSCHEN, JAN (2014): *Die RAF-Erzählung. Eine mediale Historiographie des Terrorismus.* Bielefeld.

JAMESON, FREDERIC (1998): *The Antonomies of Postmodernity.* In: The Cultural Turn. Selected Writings on the Postmodern. London, 5072.

KROKER, ARTHUR / KROKER, MARILOUISE / COOK, DAVIS (1999): *Panik-Enzyklopadie.* Wien.

LARUELLE, FRANÇOIS (2008): *Introduction aux sciences géneriques.* Paris. p. 200.

– (2015): *Introduction to Non-Marxism.* Minneapolis.

LEFEBVRE, HENRI (2013): *Rhythmanalysis. Space, Time and Everyday Life.* London.

MARTIN, RANDY (2015): *Knowledge LTD. Toward a Social Logic of the Derivative.* Philadelphia.

SCHLÄBITZ, NORBERT (2003): *Wie sich alles »erhellt« und »erhält«. Von der Musik der tausend Plateaus oder ihrem Bau.* In: Marcus S. Kleiner / Achim Szepanski: Soundcultures: Über digitale und elektronische Musik. Frankfurt/M.

WARK, MCKENZIE (2016): *Digital Provenance and the Artwork as Derivative.* In: http://www.e-flux.com/journal/77/77374/digital-provenance-and-the-artwork-as-derivative/

WILKINS, INIGO (2016): *Irreversible Noise.* London.

ANDRZEJ STEINBACH

# FUNKE

**TALKSHOW**
**LISTE**
**A SPRINGBOARD TO YOUR FUTURE**

**TALKSHOW**

Am 03. Dezember 1971 zertrümmert Nikel Pallat, Mitglied der Band »Ton Steine Scherben«, während der WDR-Talkshow »Ende offen« zum Thema »Pop & Co – die andere Musik zwischen Protest und Kommerz!« mit einer Axt den Studiotisch.

Am 03. Dezember 1971 sendet der Westdeutsche Rundfunk live die Talkshow »Ende offen«. Unter dem Thema »Pop und Co – die andere Musik zwischen Protest und Kommerz!« soll der gesellschaftskritische Anspruch von Musik diskutiert werden.

Geladen sind: Die Musikkritiker Heinz-Klaus Metzger und Hans G. Helms, Rolf-Ulrich Kaiser, einer der wichtigsten Produzenten ambitionierten Krautrocks. Links neben ihm Conrad Veit, der bei Kaiser als Musiker unter Vertrag steht. Veit gegenüber schließlich Nikel Pallat, Mitglied der Band »Ton Steine Scherben«.

Die Männer sitzen im abgedunkelten Studio an einem trapetezförmigem Tisch. Es wird, wie damals im Fernsehen üblich, geraucht und getrunken.

Das Gespräch spitzt sich im Laufe der Sendung auf eine zentrale Frage zu: Sollte Musik, die sich als gesellschaftskritisch versteht, wie jedes andere warenförmige Produkt behandelt werden, oder sollte sie unabhängig und außerhalb des marktwirtschaftlichen Wettbewerbs stehen.

Im Prinzip sind sich alle Beteiligten einig darüber, dass es in der Pop-Musik niemals an erster Stelle um Gewinnmaximierung gehen darf. In der konkreten Umsetzung dieses Ideals offenbaren sich allerdings Unterschiede. Ins Kreuzfeuer gerät Musikproduzent Rolf-Ulrich Kaiser. Der hatte kurz zuvor, auf der Suche nach Geldgebern für ein neues Plattenlabel, einen Vertrag mit dem Chemiekonzern BASF und dem Musikmogul Peter Meisel abgeschlossen. BASF ist einer der größten Chemiekonzerne weltweit und interessiert daran, mit der Produktion von Magnetbändern und Schallplatten seinen Umsatz auch durch verbrauchernahe Erzeugnisse zu erweitern.

NIKEL PALLAT ZU ROLF-ULRICH KAISER:
*»Sie haben einen Vertrag mit Peter Meisel, Peter Meisel ist eine Kapitallistensau, ein Musikdieb höchsten Ranges,*

*Popgangster, alles mögliche, ja. Aber im Grunde genommen, in der Art wie er sich da hingestellt hat und wie er Peter Meisel in die Hand arbeitet etwa oder den BASF-Aktionären, stellt er sich damit voll auf die Seite des Systems und ändert damit überhaupt nichts. Er macht keine Trennungslinie, er ist nicht parteiisch bzw. er ist auf jeden Fall auf der einen Seite.«*

DARAUF ROLF-ULRICH KAISER:
*»Ich bin kein DKP-Mann!*

*Evolutionär werden wir diese Gesellschaft ändern. Das ist keine Sache die im Morgen passiert. Das war die Illusion der Leute, die 1965/66 auf die Straßen gegangen sind. Obwohl das natürlich auch eine wichtige Sache war. Aber es wird nicht morgen passieren. Das ist eine Entwicklung die wahrscheinlich noch 100 Jahre geht.«*

NIKEL PALLAT:
*»Und in diesen Hundert Jahren willst du permament unterstützen das diese Unterdrückung weitergeht, indem du für dieses System arbeitest? Du arbeitest für den Unterdrücker und nicht gegen den Unterdrücker, weißt du das?«*

ROLF-ULRICH KAISER:
*»Für wen sitzt du denn hier? Meinst du nicht das Fernsehen ist auch ein kapitallistisches Organ?«*

NIKEL PALLAT:
*»Darüber bin ich mir völlig im klaren. Das Fernsehen macht hier so eine scheiß-liberale Sendung. Wir haben hier die Möglichkeit sozialistisch zu quatschen. Einige können evolutionär reden, andere dürfen revolutionär reden, ja. Und was passiert objektiv? An der Unterdrückung ändert sich überhaupt nichts! Fernsehen ist ein Unterdrückungsinstrument in dieser Massengesellschaft! Und*

*deswegen ist es ganz klar hier, wenn überhaupt noch was passieren soll hier, muss man sich gegen den Unterdrücker stellen. Man muss parteiisch sein. Das muss man hier einfach sagen. Und deswegen mach ich jetzt hier diesen Tisch mal kaputt. Ja, damit man mal genau Bescheid weiß!«*

Nikel Pallat holt eine Axt unter seiner Jacke hervor und schlägt mehrmals und mit voller Kraft auf den Gesprächstisch ein. Die anderen Gäste springen erschrocken auf, die Kameramänner fahren die beweglichen Fernsehkameras zurück.

NIKEL PALLAT:
*»So, jetzt können wir weiter diskutieren!«*

ROLF ULRICH KAISER:
*»Hoffentlich schreiben die Zeitungen morgen, dass es ein gutes Happening war.«*

Obwohl der Tisch durch diesen Gewaltakt nicht zerstört wurde, ist die Debatte beendet. Zwei der Diskussionsteilnehmer verlassen das Set, die anderen packen ihre Sachen zusammen. Im Weggehen schraubt Nikel Pallat die Tischmikrophone ab und steckt sie in die Taschen seiner Jacke. Die Übertragung wird mit Nikel Pallats letzten Worten beendet:

*»Die Mikrophone brauche ich für Leute, die in Jugendstrafanstalten sitzen.«*

## LISTE

Die Sprecherin Marie Crescence Behengue liest Namen vor, die sie noch nie zuvor gehört hat.

su'zanə 'albʁɛʃt
bʁi'gitə 'asdɔŋk
ʁo'nal ogʊs'tiːn
'ãdʁeas 'baːda
'ɪŋgəbɔrk baːtʰ
və'ʁeːna 'beka
'hɛniŋ bɛːɐ̯
'vɔlfgã bɛːɐ̯
'mɔnika 'bɛrbɛˌriʃ
'peːta 'jɔrgɛn bo
'valtʁaʊ̯t bo gə'bɔʁɛn 'liːvalt
'ziːgɔr 'deːbus
kal haɪ̯nts 'delvo
kʁis'tiːnə 'dʏmlaɪ̯n
eliza'bɛt fɔn daɪ̯k
'gʊtʁuːn 'ɛnsliːn
knʊt 'fɔlkats
ʁalf bap'tis 'fʁiːdʁiʃ
'bu khaːt 'kalveː
i'ʁɛne 'gœrgɛns
'vɔlfgaŋ gʁaːms
'manfʁeː 'gʁashɔf
'vɔlfgaŋ 'kʁotman
e'ʁik 'gʁyːsdat
'ziːkfʁit haːk
kata'ʁina hama'ʃmit
'eːfa 'haʊ̯lə
'ziːkfʁit 'haʊ̯sna
ʁɔlf 'haɪ̯sla
mo'nika 'hɛlbiŋ
maʁi'anə 'hɛsttsɔk
'bɪrgɪt hoːgə'felt
ziːg'lində 'hɔfman
'vɛrna 'hɔpə
klaʊ̯s 'jʏnʃkə
'kʁɪstɪ̯an klaːʁ
da'nɪ̯ɛla 'klɛtə
mi'ʃaɛl knɔl
fʁidə'ʁiːkə 'kʁabə
'hana 'kʁabə
ˌkʁɪs'tiːnə 'kʊbi
'vɛrna 'lɔtsə
hɔrs 'maːla
'zɪlkə 'maɪ̯a vit
ʏl'ʁikə maɪ̯n'hɔf
'hɔlga maɪ̯ns
hɔrst 'luːtvik 'maɪ̯a
bʁi'gɪtə moːn'haʊ̯pt
gə'hat 'mʏla
'iːmgat 'mœla
ju'lɪ̯aːnə 'plambɛk
'hɛlmud pɔːl
rɔlf 'pɔːlə
as'tʁid pʁɔl
jan kal 'ʁaspə
'bɛrna 'ʁœsna
kal haɪ̯nts 'ʁoːlant
'peːtʁa ʃɛlm
'margʁit 'ʃila
'iŋgʁit 'ʃʊbat
'haːdɛlˌhaɪ̯ ʃʊlts
'iŋgʁit ziːp'man
'gʊnta ˌzonən'bɛɐ̯k
ã'geːlika 'ʃpaɪ̯tɛl
'fɔlka 'ʃpaɪ̯tɛl
ɛnst 'fɔlka ʃtaʊ̯p
'ilzə 'ʃtaʊ̯vɪ̯ak
'ziːdrik ˌˌʃtɛrnə'bɛk
'vili 'peːta ʃtɔl
lʊs 'taʊ̯fa

joˈanes ˈtʰimə
ˈɪŋə fit
ˈkʁistɔ ˌvakaˈnaːgɛl
ʁɔlf ˈkleːməns ˈvaːgna
ˈʊlriʃ ˈvɛsɛl
ˈʃtefan viʃˈni̯ɛʃki

**A SPRINGBOARD TO YOUR FUTURE**

Die Tonspur einer McKinsey & Company Werbung wird zerteilt und wieder zufällig zusammengesetzt.

```
s.reboot;
s.freeAll;
~sound0=Bu er.read(s,Platform.
resourceDir +/+ „sounds/McKinsey
Careers A springboard to your future.
wav“); s.prepareForRecord;
(
~stuecke=(12.0.rand+99). oor(0);
~length=~sound0.numFrames / ~stuecke;
~length_in_s=~length / 48000;
~startframe=0;
z=Array.new;
~stuecke.do({
x=Bu er.read(s,Platform.resourceDir
+/+ „sounds/McKinsey Careers A
springboard to your future.
wav“,~startframe,~length); z=z.
add(x);
~startframe=~startframe+~length;
})
)
(
SynthDef.new(\playbuf, {
arg amp=1, out=0, buf,rate=1, da=2,
pan=0, atk=0.005, rel=0.01, daenv=0;
var sig, env;
env=EnvGen.kr(Env.
new([0,1,1,0],[atk,~length_
in_s-atk-rel,rel],[1,0,1]),
doneAction:daenv); sig=PlayBuf.
ar(1,buf,BufRateScale.kr(buf) * rate,
doneAction:da);
sig=sig*env;
sig=Pan2.ar(sig,pan,amp);
Out.ar(out,sig); }).add;
```

```
)
(
s.record;
e = Pbind(
\dur, Pseq([~length_in_s],~stuecke),
\instrument, \playbuf, \atk,
0.05/~stuecke, \rel, 0.05/~stuecke, \
buf, Pshuf(z,1),
).play;
) s.stopRecording;
```

**IMPRESSUM**

Andrzej Steinbach / Achim Szepanski
Ultrablack of Music: Feindliche Übernahme
Herausgeber, Konzept: Andrzej Steinbach
Text: Achim Szepanski
IPA-Transkript: Gian-Philip Andreas
Programm für SuperCollider: Stefan Schöneich, Andrzej Steinbach
Gestaltung: Jim Kühnel
Druck und Bindung: Printon AS, Tallinn, Estland

Erschienen bei:
Spector Books
Harkortstraße 10
04107 Leipzig
www.spectorbooks.com

Distribution:
Deutschland / Österreich: GVA, Gemeinsame Verlags-auslieferung Göttingen GmbH & Co. KG, www.gva-verlage.de
Schweiz: AVA Verlagsauslieferung AG, www.ava.ch

© 2017 Die Autoren und Spector Books, Leipzig.

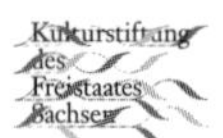


Gefördert von der Kulturstiftung des Freistaates Sachsen

1. Auflage
Printed in the EU
ISBN 978-3-95905-138-5